体育产业的多元化发展研究

付晓辉 张 震 董 晨 ◎ 著

吉林出版集团股份有限公司

图书在版编目（CIP）数据

体育产业的多元化发展研究 / 付晓辉,张震,董晨著. — 长春：吉林出版集团股份有限公司, 2024.10.
ISBN 978-7-5731-5991-5

Ⅰ．G812

中国国家版本馆CIP数据核字第2024YP2630号

体育产业的多元化发展研究

TIYU CHANYE DE DUOYUANHUA FAZHAN YANJIU

著　　者	付晓辉　张　震　董　晨
责任编辑	曲珊珊
封面设计	林　吉
开　　本	710mm×1000mm　1/16
字　　数	171千
印　　张	13.5
版　　次	2024年10月第1版
印　　次	2024年10月第1次印刷

出版发行　吉林出版集团股份有限公司
电　　话　总编办：010-63109269
　　　　　　发行部：010-63109269
印　　刷　廊坊市广阳区九洲印刷厂

ISBN 978-7-5731-5991-5　　　　　　　　　　　定价：85.00元

版权所有　侵权必究

前　言

在充满活力与变革的 21 世纪，体育作为一种全球性的社会文化现象，其影响力日益扩大，体育产业也迅速崛起成为推动经济发展的重要力量之一。体育场馆作为体育产业的一部分、体育活动的主要场所，不仅是举办体育赛事的核心基础设施，更是城市文化、经济发展和社会交流的重要平台。如何高效地经营与管理现代体育场馆，已成为体育产业界和学术界共同关注的热点问题，也是本书研究和阐述的主要内容。

本书旨在为体育场馆管理者、从业者、研究人员以及相关专业学生提供一本全面、系统的参考书籍。本书不仅涵盖了体育场馆的规划设计、建设管理、运营模式等基础理论，还深入探讨了市场营销、多元化经营等实践操作。同时结合国际先进的管理经验和法律法规，力求为读者提供一个立体化的体育产业知识体系，并对体育产业的多元化发展研究有进一步了解。

付晓辉　张　震　董　晨

2024 年 7 月

目 录

第一章 现代体育场馆概述 ... 1
第一节 体育场馆的定义与发展历程 ... 1
第二节 体育场馆的功能分类与特点 ... 7
第三节 体育场馆的社会影响 ... 16
第四节 体育场馆的未来趋势分析 ... 22

第二章 现代体育场馆规划设计 ... 31
第一节 规划设计的基本原则 ... 31
第二节 功能区划与空间布局 ... 40
第三节 可持续性与环保设计考量 ... 57

第三章 现代体育场馆建设管理 ... 66
第一节 建设项目管理流程 ... 66
第二节 成本控制与预算管理 ... 76
第三节 施工质量监控 ... 95

第四章 现代体育场馆运营模式 ... 103
第一节 运营模式的类型与选择 ... 103
第二节 收入来源与财务管理 ... 110
第三节 客户服务与用户体验 ... 135

第五章 现代体育场馆市场营销 …… 143

第一节 目标市场的确定与分析 …… 143

第二节 品牌建设与宣传策略 …… 164

第三节 票务销售与渠道管理 …… 171

第四节 赞助商招募与权益保护 …… 180

第六章 现代体育场馆多元化经营 …… 186

第一节 非赛事活动的策划与实施 …… 186

第二节 商业空间的开发与利用 …… 193

第三节 体育旅游与体验产品 …… 199

参考文献 …… 208

第一章　现代体育场馆概述

第一节　体育场馆的定义与发展历程

一、体育场馆的定义

（一）基本定义

体育场馆是专门为体育活动、比赛、训练和健身而设计的建筑设施。它们不仅提供了一个适宜的环境，让参与者能够进行各类体育活动，还承载了许多其他重要的功能和责任。体育场馆的设计不仅仅关乎其外观和结构，更涉及如何优化其功能，以更好地服务参与者和社区的需求。

体育场馆的首要功能是提供一个安全和合适的空间，以支持各类体育活动的进行。设计师们在规划体育场馆时需要考虑到不同体育项目的要求，如足球、篮球、网球等，以及不同活动的场地布局和尺寸。比如，一个专为足球比赛设计的场馆必须考虑到足球场地的尺寸、草坪的质量和维护等因素，以确保比赛的公平性和安全性。而在另一方面，一个多功能的体育馆可能需要灵活的场地设置，以适应各种体育和娱乐活动的举办。

除了基本的活动场地外，现代体育场馆还积极引入先进的技术和设施，以提升参与者的体验和活动的效率。例如，智能照明系统和高清视频显示设备不仅提升了观众的视觉体验，也为运动员的表现提供了更好的环境。无线网络覆盖和数据分析系统的应用，使得场馆管理者能够实时监控设施使用情况和运动员的表现数据，从而优化资源管理和培训计划。

在社区层面，体育场馆承担着促进健康生活和社交互动的重要角色。它们不仅仅是体育比赛和训练的场所，更是社区活动和文化交流的中心。例如，定期举办的体育赛事和健身课程吸引了众多的参与者，促进了社区居民之间的互动和认同感。一些现代化的体育馆还包括健康促进设施，如健身房和健康咨询中心，为居民提供全面的健康服务和健康知识。

（二）功能分类

比赛型场馆通常设计用于举办专业比赛和国际体育赛事，如奥运会场馆，其结构和设施需满足严格的比赛标准和安全要求。这类场馆的设计不仅要考虑运动员的竞技需求，还需要兼顾观众席位和媒体设施，以保证比赛的顺利进行和观众的舒适体验。

训练型场馆则主要用于运动员的日常训练和技能提升，如专业运动队的训练基地或大学校园内的体育馆。这些场馆的设计更加注重功能性和实用性，设施通常包括各类运动场地、健身房和康复设施，以支持运动员在安全环境中进行系统化的训练和身体恢复。

综合型场馆则是集合多种功能的体育设施，旨在满足群众的多样化运动需求和社区活动。这类场馆常见于大型运动中心或学校体育馆，场馆设施包括灵活可调的场地布局和多用途的活动空间，能够容纳不同类型的比赛、训练和文体活动，同时服务于广泛的社区群体和学生。

休闲健身场馆则是为大众健身和休闲娱乐而设计，如社区健身中心、健身俱乐部和健身房等。这些场馆通常配备健身器材和休闲设施，以提供舒适的运动环境和个性化的健身服务，满足不同年龄和健身水平的人群的需求。

（三）设施构成

体育场馆的主场地是各种体育活动的核心区域。比如，篮球场、足球场和游泳池等。它们的设计和布局需根据具体运动项目的要求进行优化，以保障运动员的安全和比赛的顺畅。这些场地通常配备专业的设施和设备，如标准尺寸的比赛场地、适当的灯光和音响系统，以及可能的视频回放设备，用于裁判员的决策支持。

体育场馆的辅助设施在提升运动员和观众体验方面起到了重要作用。更衣室和洗浴室是必不可少的功能区域，其提供的私密空间和卫生设施，使运动员能够在比赛前后得到充分的准备和舒适的休息。医疗室则提供了紧急情况下的医疗支持和急救设备，保障运动员在比赛中的健康和安全。

除了服务于运动员，体育场馆也要考虑到观众的需求和舒适度。观众席设计需考虑到观赛体验的舒适性和视野的良好性，通常还会配备观众服务设施和便利设施，如售票处、餐厅和卫生间等，以提升观众的整体满意度和参与感。

现代体育场馆通常还包含支持设备和基础设施，这些设施为赛事的顺利进行和安全管理提供了必要的支持。比如，用于赛事转播的摄像设备和录播设备，安保设施如监控系统和安全通道，以及预防和应对紧急情况的应急通道和设备。

二、体育场馆的发展历程

（一）古代体育场馆

古希腊的奥林匹克体育场作为体育竞技场，是古希腊城邦竞技精神与和平竞赛的重要象征。这类体育场馆不仅仅是举办体育赛事的场所，更是民众聚集的地方，承载着社会集会和文化庆典的功能。古希腊人视体育运动为身体和精神健康的重要组成部分，奥林匹克运动会的举办地奥林匹亚就是其最具代表性的体现。

而古罗马的竞技场则是体现罗马帝国政治和社会文化的重要场所。最著名的竞技场如罗马斗兽场，不仅举行了大规模的角斗和野兽狩猎等娱乐活动，还是政治宣传和社会控制的工具。这些竞技场不仅是战斗和娱乐的场所，更是展示了罗马帝国的强大和文化精髓。

古代体育场馆的建设和运营反映了当时社会对体育、政治和宗教的重视与整合。通过这些场馆，古代社会不仅实现了体育活动的组织和管理，还扩大了政治权力的影响力和社会文化的表达。例如，在奥林匹亚的奥林匹克运动会期间，各城邦派出的运动员不仅代表自己的城邦参与比赛，还展示了各城邦的文化和政治实力。这种体育赛事与政治文化的结合，使得古代体育场馆成为政治竞争和文化表达的舞台。

（二）现代体育场馆的兴起

现代体育场馆的兴起源于19世纪末至20世纪初，随着现代奥林匹克运动会的兴起而逐渐发展。这一时期，体育场馆不再仅仅是简单的比赛场地，开始注重多功能性和观众体验。例如，1896年雅典奥运会的帕那辛纳克体育场和1924年巴黎奥运会的夏尔勒体育场，都成为当时体育建筑的典范。这些场馆不仅仅是运动员竞技的场所，更是体育运动文化的象征和城市形象的一部分。它们的建设和设计，体现了当时对体育场馆功能性和观众体验的重视，为后来现代体育场馆的发展奠定了基础。

随着时间的推移，现代体育场馆的发展经历了显著的变化和提升。20世纪后半叶以来，随着科技和建筑技术的进步，体育场馆不断追求创新和功能多样化。例如，现代的体育场馆不仅仅可以进行体育比赛，还可以举办大型演唱会、展览和商业活动，成为城市文化和经济生活的重要组成部分。这种多功能性不仅丰富了场馆的利用方式，也提升了其在城市中的地位和影响力。

现代体育场馆还注重观众体验感受的提升。从舒适的座椅和良好的视线设计，到高科技的声光效果和舞台设施，体育场馆不仅要为运动员提供竞技条件，还要为观众带来优质的观赏体验。例如，现代的体育场馆通常配备了大屏幕显示和声音系统，能够实时传输比赛情况，并通过互动提升观众的参与感和沉浸感。

（三）现代体育场馆的发展趋势

智能化管理系统是现代体育场馆发展的一个显著特征。通过引入智能化管理系统，体育场馆能够实现从安全管理到资源调配的全面优化。例如，利用智能传感器和实时数据分析，管理人员可以实时监测场馆内部的各项运营指标，包括人流密度、设备使用情况以及能源消耗等，从而更加高效地进行资源分配和管理。

除了智能化管理，体育场馆还在积极探索虚拟现实（VR，Virtual Reality）技术的应用。通过 VR 技术，体育场馆不仅能够提供沉浸式的观赛体验，还能为运动员和教练员提供高度逼真的训练环境。例如，运动员可以在虚拟环境中进行复杂的战术演练，而无需实际进行场地布置和设备调整，这大大提升了训练的效率和灵活性。

大数据分析在体育场馆管理中的应用也逐渐成为一种趋势。通过收集和分析赛事和训练中产生的大量数据，体育场馆可以更精确地评估运动员的表现和健康状况，从而为教练员提供有科学依据的训练建议。大数据分析还有助于管理者进行精细化的市场营销和运营决策，例如，根据观众偏好和行为模式调整票务和食品服务策略。

在全球范围内，像北京的国家体育场（鸟巢）和东京的新国立竞技场这样的标志性体育场馆，是展示智能化和多样化发展趋势的典范。它们不仅是体育赛事和文化活动的重要场所，更是科技创新和先进设计理念的典范。这些先进的体育场馆不仅推动了体育产业的发展，也为未来体育场馆建设和管理提供了宝贵的经验和参考。

第二节　体育场馆的功能分类与特点

一、主要功能分类

（一）比赛与训练场地

为了有效地支持各种运动比赛和训练需求，现代学校和体育场馆需要提供多样化的场地设施。这些设施包括但不限于足球场、篮球场、田径场等，每种场地的设计用于特定的运动项目。足球场通常使用符合国际标准尺寸的草坪，以促进球员的技术发挥和比赛的公正性。篮球场则配备标准的篮球架和地板，以支持快节奏的比赛和训练活动。田径场不仅提供了跑道和跳高、跳远等项目需要的设施，还考虑到了不同赛事的需求，确保了运动员在训练和比赛中的安全和效率。

为了最大限度地利用这些场地，学校和体育馆管理者需要维护良好的设施条件，包括定期修剪草坪、保养篮球场地板及维护跑道表面的平整度。通过保持设施的高标准，可以确保运动员们在每次比赛和训练中都能够获得最佳的体验，并且有助于避免因场地条件不佳而带来的运动伤害风险。

除了标准的比赛和训练场地外，一些学校和体育馆还积极投资先进的技术设备，如实时视频监控系统和电子计分板。这些设备不仅提升了比赛的观赏性和管理效率，还为教练和运动员提供了实时的反馈和数据支持。例如，足球场上安装的视频监控系统可以捕捉每场比赛中的关键时刻，而电子计分板则确保了比赛的公平和公正，同时优化了比赛管理过程。

为了满足不同运动项目的特殊需求，一些场地还提供了灵活的布局选项。比如，篮球场可以调整场地的分隔线和篮筐的高度，以适应不同年龄段和能力水平的运动员的需要。这种灵活性不仅增加了场地的多功能性，还能够更好地满足学校体育课程和社区体育活动的需求。

（二）健身与休闲设施

健身房作为最常见的健身设施之一，其设计需考虑到各种健身器材的布置和空间的利用效率。一个好的健身房设计不仅要充分考虑到器材的功能性和安全性，还需要在空间布局上创造出舒适和开放的氛围，以吸引和激励用户进行持续的健身活动。例如，合理的器材分类和区域划分可以帮助用户更便捷地找到所需的器材并避免拥堵，而舒适的环境设计和音乐播放则可以增强用户的健身体验感。

游泳池作为一种常见的健身和休闲设施，其设计不仅要考虑到水质和水温的控制，还需兼顾到场地安全和多功能性的需求。现代游泳池通常设计为多功能的场地，可以满足游泳训练、水中健身课程以及休闲游泳的需求。例如，设置可调节的泳道线和水深，以适应不同游泳者的技能水平和健身目标；同时，配备良好的水质处理系统和安全设施，保障游泳者的健康和安全。

瑜伽室作为专门的休闲和健身空间，其设计注重于营造出宁静和放松的氛围，以此帮助瑜伽练习者进行冥想。瑜伽室的设计通常采用自然光线和柔和的色彩，配以适合瑜伽练习的地面材料和舒适的瑜伽垫。良好的通风系统和声音控制设备也是提升瑜伽室舒适度和练习效果的重要因素，有助于提升练习者的专注力和放松感。

除了基本的空间设计和设备配置外，健身与休闲设施的功能优化还包括引入先进的技术和服务，以提升管理效率和用户的健身体验。例如，智能健身器材和健身APP的应用可以帮助用户记录和分析健身数据，制订个性化的健身计划；而在线预约系统和虚拟健身课程则使用户能够更灵活地安排健身时间和选择健身内容；等等。

（三）配套辅助设施

1. 体能训练区

体育场馆中的健身房被视为关键的体能训练场所。这些区域的设计旨在为运动员和健身者提供多样化的训练设施和设备，以提升他们的体能素质和运动表现。力量训练是健身房的核心部分，通常配备各种自由重量和器械设备，如哑铃、杠铃和各种负重机，以帮助运动员增强肌肉力量、耐力和爆发力。这些设施的选择和布局需考虑到不同运动项目和个体的需求，确保能够支持全面的训练要求和特定运动技能的提升。

在心肺功能训练方面，健身房通常配备有氧训练设备，如跑步机、动感单车和划船机等，这些设备有助于提升心肺耐力和整体体能水平。有氧训练的重要性在于增强心血管系统的功能、提高氧气输送能力，并促进身体的脂肪燃烧和代谢活动。健身房内合理配置有氧和力量训练设备，为运动员训练提供全面的支持，从而使其达到更高的运动表现和身体素质水平。

除了传统的力量和有氧训练设施外，现代健身房还积极引入创新的功能性训练区域。这些区域通常包括平衡器材、悬挂训练系统、功能性训练器械和多用途训练区，旨在模拟现实运动场景、改善核心稳定性和运动协调性。功能性训练的目的是加强身体的运动链条，提升运动员在复杂动作和运动技能中的整体表现能力。

体能训练区的设计不仅关注设施的种类和数量，更注重如何通过科学合理的布局和设备选择，提供全面、有效的体能训练支持。这些区域在体育场馆中扮演着至关重要的角色，不仅为专业运动员提供了必要的训练条件，也为广大健身爱好者提供了提升运动能力的场所和机会。

2.康复治疗中心

在现代体育运动中，康复治疗中心扮演着至关重要的角色，为运动员提供了专业的运动损伤治疗和康复服务。这些中心不仅仅是简单的治疗设施，更是运动员健康管理体系中不可或缺的一部分。它们的设计和功能覆盖了多个方面，旨在通过先进的设备和专业的医疗团队，确保运动员在遭受损伤后能够快速而有效地恢复至最佳状态。

康复治疗中心通常设有理疗室，这是进行常规和特殊理疗的主要区域。理疗师会根据运动员的具体损伤类型和康复阶段，制订个性化的理疗方案，通过各种理疗技术如热敷、冷敷、电疗等，帮助运动员缓解肌肉疼痛、恢复肌肉功能和增强关节灵活性。理疗室通常配备各种先进的理疗设备，以支持不同类型和严重程度的运动损伤治疗。

按摩室是另一个重要的治疗和康复区域，专门用于提供深层的肌肉组织按摩和肌肉放松服务。运动员经常进行高强度的训练和比赛，肌肉容易紧张和疲劳，而按摩可以有效地促进血液循环、缓解肌肉疲劳和恢复身体的整体平衡。按摩师根据运动员的个体需求和特定损伤部位，采用不同的按摩技术和手法，以达到最佳的治疗效果。

除了理疗室和按摩室，现代康复治疗中心还可能包括其他专业设施和服务，如水疗区、热敷区和冷水浴区等。水疗区通常配备温水池或热水浴缸，用于进行水中康复训练和恢复性水疗。热敷区和冷水浴区则用于在特定情况下提供热敷和冷却治疗，以促进损伤部位的快速愈合和恢复。

现代康复治疗中心还注重于提供全面的康复支持服务，包括营养咨询、心理健康支持和运动再训练。营养师根据运动员的训练量和个体特征，制订营养方案，确保运动员能够获得充足的营养支持以促进康复。心理健康专家则通过心理咨询和支持，帮助运动员应对损伤带来的心理压力和情绪波动。运动再训练则是在康复阶段后，通过逐步恢复性训练和技能重建，帮助运动员重新达到竞技状态。

3. 数据分析室

现代体育训练中的数据分析室扮演着至关重要的角色，它利用先进的科技手段如视频分析和数据监控系统，有效地进行训练数据的采集和分析，从而优化运动员的训练方案。视频分析室不仅仅是一个技术设施，更是训练团队的智能化支持系统，通过精确地捕捉和分析运动员的动作，帮助教练员理解和改进运动员的技术细节和运动表现。数据监控中心则负责收集和分析运动员的生理数据，如心率、血氧饱和度和运动员的身体动态，为训练过程提供量化的指导和反馈。这些现代科技设施的应用，不仅提升了训练效率和成果，也深刻影响了体育训练的方法论和实践。

数据分析室在现代体育训练中的作用是多方面的。通过视频分析室，教练员可以对运动员的技术动作进行详细、精确的分析。这些系统能够捕捉每一个细微的动作变化，如击球姿势、步态和身体力量的应用，从而帮助教练员识别和纠正运动员的技术问题。又如，在网球训练中，视频分析室可以记录并分析每一个发球动作的细节，帮助运动员改进击球的准确性和力量传递，从而提高比赛中的表现和成功率。

数据监控中心则专注于运动员的生理数据采集和分析。通过监测运动员的生理指标，如心率变化、血氧水平和肌肉疲劳程度等，教练团队可以实时了解运动员的身体状况和训练适应性。这些数据不仅帮助教练调整训练强度和周期，还可以预防运动损伤和过度训练的发生。例如，在长跑训练中，数据监控中心可以分析每个运动员的心率变化模式，根据个体化的数据反馈调整训练强度和节奏，以达到最佳的训练效果和身体适应性。

数据分析室的应用还拓展到团队战术和比赛策略的优化。通过对对手的比赛录像进行深入分析，团队可以识别对手的战术特点和弱点，从而制定有针对性的比赛策略和防守方案。例如，在篮球比赛中，数据分析室可以帮助教练分析对手的进攻模式和球员的得分习惯，以调整防守战术和球员的防守位置，提高比赛中的防守效率和得分机会。

二、体育场馆的功能特点

（一）多功能性

现代体育场馆的多功能性体现在其设计与规划上。传统的体育场馆常常是专为某一种或少数几种体育运动而设计，如足球场或篮球馆。而现代体育场馆则更倾向于通过灵活的空间布局和可变化的设施配置，支持多种运动项目的进行。例如，一个室内体育馆通过可移动的场地分隔和可变化的座椅设置，能够容纳不同类型的比赛和训练需求，如篮球、排球、羽毛球等。这种设计不仅提升了场馆的灵活性，也满足了不同运动项目的专业要求。

现代体育场馆的多功能性还体现在其活动的多样性上。除了传统的体育比赛和训练以外，现代体育场馆还经常承办各类文化演艺活动，如音乐会、舞蹈表演以及戏剧演出等。这些活动不仅丰富了场馆的利用方式，还吸引了更多的观众群体，促进了城市文化的交流与发展。例如，一些大型综合体育场馆在非比赛期间可以改变场地布局，举办大型演唱会或国际艺术展览，而这些活动已经成为城市文化生活的重要组成部分。

现代体育场馆的多功能性也为商业和社区活动提供了场所和平台。例如，在大型综合体育场馆中设立商业展示区域或会议中心，可以吸引企业和组织举办各类展会、会议和商业活动。同时，体育场馆还常常成为社区活动的举办地，如义卖活动、社区庆祝活动等，为居民提供了一个集体验、学习和社交于一体的空间。

（二）设施完备

在探讨现代体育场馆的发展趋势时，设施的完备性是一个不可忽视的重要方面。随着科技的进步和社会需求的增长，现代体育场馆正积极投入先进的运动设备和技术，以满足日益复杂和多样化的比赛、训练和健身需求。这种趋势不仅体现了体育场馆管理者对设施质量和运营效率的重视，也直接影响着运动员的成绩和普通用户的健身体验。

设备的先进性是现代体育场馆的重要特征之一。从传统的健身器材到高科技的运动训练设备,现代体育场馆不断更新和升级设备以确保其在技术上的领先地位。例如,一些先进的体育场馆配备了智能化的跑步机和力量训练设备,这些设备能够通过实时数据监测运动员的身体状态和运动表现,为训练和表现提供精准的反馈和调整建议。

除了运动设备的先进性,技术的应用也成为现代体育场馆不可或缺的一部分。例如,一些体育场馆引入了虚拟现实(VR)和增强现实(AR,Augmented Reality)技术,为用户提供沉浸式的健身体验。通过VR技术,用户可以参与模拟的运动比赛或健身课程,而AR技术则可以在实际运动中叠加虚拟信息,如实时数据或教练的指导,从而增强用户的参与感和学习效果。

在支持高水平比赛和训练需求方面,设施的完备性不仅仅涵盖了运动设备和技术的更新,还包括了场馆的整体设计和布局。现代体育场馆通常设计为多功能和灵活使用的空间,能够容纳各种类型的体育赛事和活动。例如,某些体育场馆拥有可调节的座椅和场地布置,可以根据不同比赛的需求进行快速改变,从而最大限度地优化比赛体验和观众视野。

在管理和维护方面,设施的完备性也体现在场馆的可持续性和效率上。现代体育场馆通过智能化管理系统和节能设备,实现了对资源的有效利用和环境影响的最小化。例如,一些体育场馆利用太阳能和雨水收集系统来供电和供水,以减少能源消耗和环境污染,同时降低运营成本和维护负担。

(三)安全与舒适

良好的观赛体验不仅仅依赖于比赛本身的精彩程度,还包括了场馆的舒适性和观赛设施的质量。例如,座椅的舒适度和视野的开阔性对观众来说尤为重要。优质的座椅设计不仅要提高长时间观看比赛的舒适度，还需考虑到不同观众群体的需求，如提供适合残障人士的无障碍座位等。

除了观众的舒适性外，运动员的安全也是体育场馆设计的重要考虑因素。例如，在足球场和篮球场等比赛场地的设计中，需要确保场地表面的平整度和防滑性，以减少运动员因场地条件导致的意外受伤。对于观众和运动员来说，安全的紧急疏散通道和充分的消防设施也是不可或缺的保障措施，确保在紧急情况下能够迅速有序地疏散和救援。

在设施维护方面，定期的检查和维护是保障体育场馆安全和舒适度的关键。这包括了灯光设施的及时更新和维护，以确保比赛和训练活动可以在充足的照明下进行。排水系统的有效运作和草坪的修剪管理也直接影响到比赛场地的使用质量和安全性。通过制订详细的维护计划和管理标准，体育场馆管理者可以保证设施在长期使用中的良好状态，为运动员和观众提供持续稳定的使用体验。

现代技术的应用也为提升体育场馆的安全和舒适度提供了新的可能性。例如，智能监控系统可以实时监测场馆内外的安全状况，及时发现并应对潜在的安全威胁。而无线网络覆盖和移动应用程序则为观众和运动员提供了更便捷的信息获取和服务体验，如实时比赛分数和场馆设施的实时状态更新。

第三节 体育场馆的社会影响

一、就业和经济活动方面

体育场馆的运营和维护涉及众多的工作岗位，从基础设施的管理到各类服务的提供，都为就业市场带来了机会。

保安人员在体育场馆中起着关键作用，负责保护场地安全和管理观众秩序，确保比赛和其他活动的顺利进行。他们的职责不仅仅是维护安全，还包括应对突发事件，这种角色在大型比赛和活动中尤为重要。

清洁服务是体育场馆运营的另一大支柱，保证场馆的卫生和整洁。清洁人员负责日常的环境清理和垃圾处理，以及赛前赛后的整体清扫和场地准备工作。他们的工作不仅影响着场馆的外观和卫生标准，也直接关系到运动员和观众的健康安全。

票务服务是体育场馆经济活动中不可或缺的一环。票务人员负责票务系统的管理和观众入场的安排，他们需要处理票务预订、门票发售、座位安排以及观众的服务需求等。在大型比赛和活动中，有效的票务管理不仅关乎经济收入，还会对观众体验和场馆运营的顺畅程度造成直接影响。

体育场馆除了为就业市场带来机会外，场馆的运营还推动了周边服务产业的发展。例如，场馆附近的餐饮业和零售商户通常会因为场馆的活动而获得额外的客流和业务机会。这种联动效应不仅增加了地区的经济活力，也为当地居民和企业提供了更多的就业和商业发展机会。

从经济角度看，体育场馆的运营不仅仅是一种单纯的娱乐和体育活动提供者，更是一个多元化的就业创造者和经济增长的推动者。通过各种服务和支持岗位的提供，场馆不仅为社会创造了直接的工作机会，还间接促进了相关行业的发展和地区经济的繁荣。

二、健康与社交方面

运动健身场馆的存在直接促进了居民的身体健康和生活质量。这些体育场馆通常包括健身房、游泳池、羽毛球场等，它们为居民提供了丰富的运动选择和设施，使居民能够选择适合自己的运动方式进行锻炼。健身活动不仅有助于人们的身体健康，如增强心肺功能、提升肌肉力量和灵活性等，还有助于预防慢性病，减轻日常生活中的压力和焦虑情绪。

运动健身场馆通过创造社交机会和举办活动，增强了社区的凝聚力和居民之间的互动。例如，健身俱乐部不仅仅是运动的场所，更是居民聚集和交流的平台。在这些场所，居民们可以参加各种团队运动或集体课程，如篮球、瑜伽、有氧操等，与他人共同锻炼，建立友谊和团队精神。这种社交互动不仅增强了个体的社交能力和归属感，也促进了社区内部的和谐与合作。

除了日常的运动和社交活动，运动健身场馆还经常举办各种社区活动和公共健康项目，如健康讲座、义工活动和社区健康检查等。这些活动不仅丰富了居民的日常生活，还为居民提供了获取健康信息和资源的机会，增强了居民对健康管理的意识和能力。同时，这些活动也有助于提升社区的整体健康水平，促进全民健康的长远发展。

现代运动健身场馆还注重于提供多样化的服务和设施，以满足不同居民的需求和偏好。例如，为老年人和儿童设立专门的健身区域和活动课程，以及为残障人士提供无障碍设施和适应性活动项目等，确保每个人都能参与社区健身活动，享受运动的乐趣和益处。

三、教育与文化方面

在各级体育教学中，体育教学场地不仅为学生提供了进行体育运动和锻炼的空间，更是培养学生团队合作精神、竞技精神和自律能力的平台。在这些场地中，学生们学习如何通过运动和竞技挑战自我，锻炼身体和意志力，这种教育不仅有助于个体的全面发展，也培养了健康的生活方式。同时，体育场馆不仅仅是体育教学的场所，还是举办文化和艺术活动的重要场地，通过这些活动，各级学校不仅可以发展体育教育，还可以拓展其社会文化影响力。

体育教学场地在各级学校的教育体系中扮演着至关重要的角色。它们为学生提供了一个安全、专业的环境，进行各类体育运动和活动。例如，学校的体育场馆可以用于学生的体育课程和校园体育赛事，如田径、篮球、足球等。这些运动不仅有助于学生身体素质的提升，还培养了他们的团队合作精神和竞争意识。通过参与体育活动，学生学会了如何设定目标、实现目标，并从胜利和失败中吸取经验教训，这些都是他们未来生活和职业中必不可少的技能和态度。

体育教学场地也是健康教育的重要组成部分。在现代社会，青少年面临着越来越多的健康问题，如肥胖、缺乏运动等。通过体育教学，学校可以促进学生们养成良好的运动习惯和健康生活方式。例如，定期的体育课程和活动不仅帮助学生增强体质，还教导他们如何正确理解和维护身体健康。体育教学场地的存在和有效利用，为学校的健康教育提供了实际的操作平台，通过实践促进学生对健康知识的理解和应用。

除了体育教育的功能外，体育场馆还可以举办丰富多彩的文化和艺术活动。这些活动不仅为学校增添了文化氛围，也为学生提供了展示自己才艺的机会。例如，学校的体育馆可以举办音乐会、舞蹈表演、话剧演出等各类文艺活动，吸引学生参与的同时，邀请社区公众一起欣赏。通过这些文化活动，学校不仅开阔了学生们的艺术视野，还促进了学校与社区之间的文化交流和融合。

体育场馆的文化活动还有助于提升学校的社会文化影响力。作为学校的重要文化载体，体育场馆承载着丰富多样的社会功能和意义。例如，通过举办国际学术会议、社会公益活动或者重大庆典活动，体育场馆成为展示学校软实力和社会责任的重要窗口。这些活动不仅提升了学校的知名度和美誉度，也促进了学校与外界的交流与合作，提升了学校在社会中的积极形象和影响力。

四、城市发展方面

（一）提升城市形象和吸引力

随着全球化的深入发展，现代化的体育设施对于城市的国际形象具有显著的影响，城市竞争力不仅仅体现在经济发展和基础设施建设上，还包括了文化和体育设施的丰富度和质量。例如，世界各大城市如伦敦的温布利球场和北京的国家体育场（鸟巢），都因其设计精美和具有举办重大体育赛事的能力而成为国际知名的地标建筑。这些现代化体育设施不仅提升了城市的视觉形象，还通过吸引国际性的体育赛事和文化活动，增强了城市的国际影响力和知名度。

体育活动作为一种重要的社会交往方式和健康促进方式，对于居民的生活方式和身体健康有着积极的影响。例如，现代化的体育设施不仅提供了专业的运动训练场地，还为居民提供了进行健身锻炼和休闲娱乐的场所。这种便利性不仅促进了居民的身体活动，还增强了社区内部的凝聚力和社会和谐。

一个完善的体育设施网络不仅能够吸引外来人才和投资，提升城市的整体居住体验，还能够推动周边社区设施的建设和升级。例如，体育场馆周边通常会配套建设休闲公园、商业服务等设施，进一步丰富了居民的生活选择和社区的功能性。这种综合性的社区发展不仅提升了城市的居住环境，也为居民提供了更多的社会服务和便利设施。

（二）经济效益和长期投资

经济效益和长期投资是现代体育场馆发展中至关重要的方面。通过吸引外部投资和实现长期稳定的运营与维护，现代体育场馆不仅能够促进地区经济增长，还能成为周边房地产和商业开发的重要推动力。这种经济效益不光是体育产业本身，更涉及整个地区的经济生态系统，为城市发展和社会进步贡献着重要力量。

吸引外部投资是现代体育场馆实现经济效益的关键策略之一。通过引入外部投资，体育场馆可以获得额外的资金支持和专业管理经验，从而更好地实现设施升级、技术创新等方面的发展目标。例如，一些大型体育场馆通过特许经营或合作模式，吸引了国内外知名企业的投资和合作，不仅增加了场馆的运营资金，还提升了其品牌影响力和竞争力。

除了直接的投资吸引，现代体育场馆还通过举办大型赛事和文化活动，吸引国际和国内的游客和观众，间接促进了地区经济的增长。这种影响不仅体现在酒店、餐饮等服务业的繁荣，还包括零售、交通和旅游等相关产业的发展。例如，举办一场国际体育赛事，除了提升体育场馆的知名度和形象，还能带动周边商业设施的发展，如商场、酒店和旅游景点的兴建和改善。

长期稳定的运营和维护是体育场馆实现经济效益的另一重要保障。现代体育场馆通常注重设施使用的可持续性和效率，通过优化管理系统和节能设备，降低运营成本，延长设施使用寿命。例如，采用智能化的维护系统和定期的设备更新计划，可以确保体育场馆在长期运营中保持竞争力和吸引力，从而稳定吸引客户群体，提升经济效益和社会价值。

在地区经济增长方面，现代体育场馆不仅仅是一个运动和娱乐场所，更是一个重要的城市发展引擎。通过有效的市场定位和策略，体育场馆可以成为吸引外部投资和商业合作的中心，促进地区产业结构的优化和经济结构的多样化。例如，一些城市利用大型体育场馆作为城市更新和发展的核心项目，通过建设体育场馆及其周边的商业和住宅区，实现地区经济的全面发展和改善居民生活质量的目标。

第四节 体育场馆的未来趋势分析

一、体育场馆的技术改造与设施更新

(一)智能化设施

1. 自动化管理系统

自动化管理系统在现代体育场馆的运作中扮演着越来越重要的角色,特别是在提高能源效率和管理效果方面。智能灯光和空调系统是其中的关键组成部分,它们通过先进的技术和自动化控制,不仅提升了运营效率,还改善了场馆环境。智能灯光系统可以根据不同的活动需求和环境条件自动调节光线亮度和色温,从而提供最佳的照明效果,并在无人使用时实现节能模式。类似地,先进的空调系统通过智能温控和空气质量监测,实现精准的能耗管理,确保场馆在各种天气条件下都能保持舒适的室内环境。这些自动化系统不仅提高了设施的运行效率,还减少了能源浪费,从而降低了体育场馆的运营成本。

除了智能灯光和空调系统,自动化管理系统还涵盖了多个方面,包括安全监控、设备维护和资源分配等。例如,先进的安全监控系统通过视频监控和智能识别技术,实时监测场馆内外的安全情况,有效预防和应对潜在的安全威胁。这种系统不仅提升了场馆的安全性,还增强了管理人员对场馆运营情况的掌控能力,确保运动员、观众和设施的整体安全。

在设备维护方面,自动化管理系统可以通过远程监控和自动诊断功能,实现对设备运行状态的实时跟踪和预测性维护。例如，设备故障的预警系统能够及时发现问题并报警，使维修人员能够在问题严重之前进行干预和修复，避免设备因故障长时间停用影响比赛和训练活动。这种预测性维护不仅延长了设备的使用寿命，还减少了因设备故障而造成的运营中断，提升了场馆的整体可靠性和稳定性。

自动化管理系统还包括资源分配和节能管理功能。例如，智能能源管理系统可以通过实时数据监测和分析，优化能源使用方案，根据不同时间段和活动需求调整设备的运行模式，最大化地利用可再生能源和能源存储设施，从而降低运营成本和环境影响。这种精细化的节能管理不仅有助于体育场馆实现可持续发展目标，还为未来的能源消耗提供了可持续的解决方案。

2.智能安全系统

监控摄像头是智能安全系统中不可或缺的一部分，其作用远不止于简单的视频监控。现代监控系统利用高清摄像头和先进的图像处理技术，能够实时监测和录制各个区域的活动。例如，监控摄像头可以帮助管理者实时监控体育场馆的人员流动、车辆进出和设施使用情况，及时发现和应对潜在的安全威胁和紧急情况。智能监控系统还能结合人工智能技术，进行行为分析和异常监测，进一步提升监控效果和预警能力，确保突发事件得到及时处理和解决。

入场门禁系统是另一个重要的智能安全设施，特别是在需要严格控制进出人员和访客的场所。传统的门禁系统通过门卡或密码来管理入场权限，但现代智能门禁系统则更加高效和安全。例如，基于生物识别技术的门禁系统可以使用指纹、面部识别或虹膜扫描等方式验证身份，提高了门禁的准确性和安全性，同时也减少了人为操作的可能性和门禁管理的工作量。这种智能门禁系统不仅提升了安全防范能力，还优化了人员进出的管理流程，为体育场馆管理者带来了便利和效率的双重收益。

除了单独运行的监控摄像头和入场门禁系统外，现代智能安全系统还越来越倾向于整合多种安全设备和技术，实现全方位的安全保护和管理。例如，一些高级安全系统结合了视频监控、门禁控制、入侵检测和报警系统等多种功能，通过统一的管理平台和智能化的数据分析，实现对整个场馆安全状态的实时监控和综合管理。这种集成化的智能安全系统不仅提升了安全防范的效果，还能够减少设备之间的互操作问题和管理成本，提高了整体的管理效率和响应能力。

通过智能安全系统的不断创新和应用，监控摄像头和入场门禁系统不仅仅成为反映安全需求的基本设施，更是促进体育场馆提高管理能力和提升服务水平的重要支撑。未来，随着智能技术的发展和应用场景的扩展，智能安全系统将继续发挥其在提升安全性、管理效率和用户体验方面的重要作用，为体育场馆的安全运营和管理提供持续可靠的支持和保障。

3. 数据采集与分析设备

数据采集与分析设备在现代体育训练中扮演着至关重要的角色，特别是在收集和分析运动员表现数据方面。这些设备包括各类先进的运动追踪技术和生物测量设备，它们不仅帮助教练和运动科学家了解运动员的生理状态和运动表现，还能够为训练方案的个性化调整和运动技能的提升提供关键数据支持。

运动追踪技术是数据采集与分析的核心，它们通过各类传感器和装置实时监测运动员的运动轨迹、速度、加速度、转向以及其他关键运动参数。例如，全球定位系统被广泛用于足球、篮球等运动，以记录运动员的跑动距离、速度变化和运动强度。惯性测量单元则可以提供更精细的**动作**分析,如运动员的运动姿势、身体姿态分析等,这对于技术性和精细运动项目尤为重要。

除了运动追踪,生物测量技术也在数据采集与分析中发挥着关键作用。生物测量设备如心率监测器、血氧饱和度传感器和代谢率分析仪器,能够实时监测运动员的生理反应和身体状况。这些数据对于评估运动员的体能水平、训练负荷的控制以及身体恢复的监测都至关重要。例如,心率变异性分析可以提供关于运动员自主神经系统功能的信息,帮助调整训练负荷和预防过度训练的发生。

在数据采集后,分析阶段则是将原始数据转化为实用信息的关键步骤。这通常依赖于数据分析软件和算法,能够处理大量数据并提取出关键的运动性能指标和趋势。教练和运动科学家可以通过数据分析软件对比不同训练周期内的数据变化,评估运动员的进步情况和潜在的改进空间。例如,利用运动轨迹和速度数据,可以分析运动员在比赛中的跑位和战术运用,为战术调整和战术训练提供依据。

数据采集与分析设备还为教练和运动团队提供了实时决策支持。在比赛和训练中,教练可以通过即时数据反馈调整策略和指导运动员,以应对不同的竞技场面和对手。这种实时反馈和决策支持不仅提高了竞技水平,还增强了团队的整体适应能力和应变能力。

(二)虚拟现实与增强现实

1.VR 训练和模拟

虚拟现实技术不仅仅是一种娱乐工具,更是现代体育训练中的创新工具,通过模拟真实场景和情境，为运动员提供了安全、高效且高度个性化的训练体验。

虚拟现实训练技术的应用范围涵盖了各种体育项目和训练需求。例如，足球、篮球、高尔夫等运动项目可以通过VR技术模拟不同的比赛场景和战术训练，使运动员能够在虚拟环境中进行实时的技术训练和策略调整。这种模拟训练不受时间和地点的限制，运动员可以随时随地进行反复练习和自我调整，以提高比赛中的应对能力和战术执行效果。

虚拟现实训练还可以帮助运动员在安全的环境中进行高风险和高强度的训练。例如，滑雪、跳伞和极限运动等项目，风险因素较高，传统的实地训练可能存在安全隐患。通过虚拟现实技术，运动员可以在仿真的环境中体验和训练，掌握关键技能并提升应对突发情况的能力，同时避免实际场地可能带来的风险。

除了模拟比赛和高风险运动，虚拟现实训练还有助于提升运动员的感知力和反应速度。虚拟环境可以通过调整视角、速度和复杂度，挑战运动员的感知能力和决策速度，训练他们在紧张局势下做出正确的反应。这种有针对性的训练有助于提高运动员的运动技能和提高比赛表现，同时促进认知能力的全面发展。

虚拟现实技术还为教练和分析团队提供了强大的数据工具，用于评估和优化运动员的技术和战术表现。通过VR训练的数据记录和分析，教练可以详细了解每位运动员的训练进展和表现，精准地制订个性化的训练计划和战术策略。这种数据驱动的训练方法有效地提升了训练效率和成果，为团队的整体竞争力带来了显著的提升。

2.AR 增强体验

AR（增强现实）技术在体育赛事中的应用，不仅改善了观众的参与体验，还提升了赛事的互动性和吸引力。通过 AR 技术，观众可以实时获取比赛数据、统计信息和选手表现的分析，这不仅丰富了他们的观赛体验，还使他们能更深入地了解比赛的动态。AR 还能通过互动游戏和虚拟元素的引入，增加观众的参与感和娱乐性，使体育赛事成为更加互动和多维的娱乐活动。AR 增强体验不仅改变了观众看比赛的方式，也推动了体育娱乐产业的数字化和智能化发展。

通过 AR 技术，观众可以实时获取到关于比赛的详细数据和统计信息。例如，在篮球比赛中，观众可以通过 AR 应用看到每位球员的得分、助攻、防守等数据，甚至可以查看比赛进程中的战术分析和球员表现评价。这种实时数据显示不仅让观众更加了解比赛的动态，还增强了他们对比赛的参与感和兴趣。观众不再局限于单纯地看比赛，而是通过 AR 技术与比赛更为密切地互动和共享信息。

AR 技术通过增强现实场景的创建，使得体育赛事的观看更加生动。比如，在足球比赛中，AR 可以用来投影球场上的实时数据和统计信息，如球员的奔跑距离、传球成功率等，同时还可以通过 AR 眼镜或智能手机应用，在现场观众眼前展示出虚拟的战术布局和比赛分析。这种技术带来的体验不仅增加了观众的视觉享受，也使他们能够更深入地理解和欣赏比赛的复杂性和技术性。

除了实时数据显示外，AR 技术还通过互动游戏和娱乐活动提升了观众的参与感和互动性。例如，在篮球场馆中，观众可以使用 AR 应用参与虚拟投篮比赛或预测比赛结果，这种互动游戏不仅增加了比赛的趣味性，还激发了观众之间的竞争和互动。这种新型的观赛方式不仅吸引了更多的年轻观众，也为体育赛事注入了新的娱乐元素和商业机会。

通过 AR 技术，赞助商和广告商可以将虚拟产品和品牌体验融入比赛现场和观众互动中。例如，在足球比赛中，赞助商可以通过 AR 技术在球场周围投影出虚拟的广告牌和产品展示，吸引观众的注意力并增加品牌曝光度。这种虚拟增强的营销手段不仅提升了品牌的市场价值，也为体育赛事的商业运营带来了新的商业模式和收益来源。

二、可持续性与社会责任

（一）环保与节能

可降解材料的使用在现代体育场馆的建设和运营中扮演着越来越重要的角色。随着公众环境意识的提升和可持续发展理念的普及，现代体育场馆越来越倾向于采用可降解的塑料和绿色建筑材料，以减少对环境的负面影响。这种做法不仅体现了对自然资源的保护和环境可持续性的关注，还推动了体育场馆建设向更加环保和可持续的方向发展。制作传统塑料的基本原料通常从石油和天然气中提取，由于其难以降解，会对环境造成长期的污染和负担。相比之下，可降解的塑料材料可以通过生物降解或可再生材料制成，具有较高的可降解性和环境友好性。例如，一些现代体育场馆在建设过程中选择使用生物基可降解塑料，这些塑料在被丢弃后能够自然分解，减少了对土壤和水域的污染，符合生态保护的原则和要求。

除了塑料制品，绿色建筑材料的应用也在现代体育场馆中得到了广泛推广。绿色建筑材料包括使用可再生资源、能源效率高和环境影响低的建筑材料，如竹木复合材料、再生玻璃和低碳混凝土等。这些材料不仅能够减少能源消耗和温室气体排放，还能够提升建筑的整体环保水平和可持续性。例如，一些体育场馆在建设过程中选择使用低碳混凝土来降低碳排放，同时利用再生材料和可再生能源来降低资源消耗，从而在减少环境影响的同时提升了建筑的可持续性和社会责任感。通过采用这些材料，体育场馆不仅能够减少对自然资源的消耗，还能够降低对环境的负面影响，为未来的可持续发展奠定了坚实的基础。在实际操作中，体育场馆管理者通常会选择符合环保标准和技术要求的可降解材料，选择通过认证的生物基塑料和环保建筑材料。使用这些材料不仅符合政府和环保组织的监管要求，还能够为体育场馆赢得良好的公众形象和市场声誉。例如，一些国际知名的体育场馆在建设或改建过程中积极选择符合 LEED（Leadership in Energy and Environmental Design，能源与环境设计先锋）认证或其他国际标准的绿色建筑材料，以确保项目的可持续性和环保性。

（二）社区与教育

1. 教育和健康项目

教育和健康项目在社区中的举办不仅仅是为了促进体育活动的开展，更是为了提升公众的健康意识和生活质量。通过在体育场馆举办各种健身活动和体育课程，社区能够为居民提供多样化的健康选择，从而帮助他们建立健康的生活方式和积极的生活态度。这些项目不仅仅是关于运动技能的学习，更是关于体育教育和健康教育的综合体验，通过培养健康意识和提供健康信息，激励社区成员积极到体育场馆参加健身活动，享受运动带来的身心健康益处。

健康项目的举办涵盖了广泛的内容，包括但不限于定期的健身训练课程、健康讲座和健康测评活动。这些活动不仅鼓励参与者进行有氧运动和力量训练，还提供了关于饮食、营养和心理健康等方面的专业指导。例如，定期的健康讲座可以就常见健康问题如何预防和管理进行深入探讨，帮助社区成员更好地理解和应对自己的健康状况。健康测评活动则通过测量身体指标如体重、体脂率和血压等，帮助个体了解自身健康状况的同时，还能够为后续的健康改善计划提供数据支持和指导。

社区在体育场馆举办的健身活动和体育课程不仅有助于改善个体的身体健康，还能够增强社区凝聚力和社会互动。通过参与这些活动，社区成员不仅能够锻炼身体，还能够建立新的社交网络和友谊关系，而体育场馆正好提供了这样一个互动的平台。

2. 社会包容与平等机会

体育场馆的开放性不仅仅是满足基本需求，更是推动社会公平的一部分。无论是城市的大型运动中心还是乡村的小型体育馆，都应当成为社区互动和健康促进的中心。这不仅有助于身体健康的提升，还有助于社会凝聚力的增强。例如，在大城市的社区体育馆，不仅是年轻人和运动员的聚集地，也是老年人和残障人士保持健康和社交的重要场所。通过为所有年龄段和能力水平的人提供开放的体育设施，社会可以更好地融合和支持不同群体的需求。

无障碍设施的提供是确保社会包容性的重要一环。随着社会对残障人士权利的重视增加，体育场馆必须做出相应调整，以确保每个人都能平等参与体育活动和社区运动。这不仅包括基本的无障碍通道和卫生间设施，还包括更多的无障碍设施，如专门设计的运动设备和辅助技术，以帮助残障人士充分参与各种体育活动。例如，可以通过安装电梯、扶手和调整座椅高度等方式，使体育馆内的所有人都能方便地进入和使用设施，享受运动的乐趣和健康的益处。

第二章 现代体育场馆规划设计

第一节 规划设计的基本原则

一、现代体育场馆规划设计的功能性原则

（一）多功能性原则

现代体育场馆在设计和规划上越来越注重多功能性原则，不再局限于仅作为体育比赛的场地，而是致力于成为社区文化和娱乐生活的重要枢纽。这种转变要求体育场馆具备灵活的空间设计和多用途的设施配置，以便能够容纳各种文艺演出、展览和大型活动。其中，可移动座椅和可调节场地设计成为实现多功能性的关键因素，它们能够有效地适应不同类型活动的需求和观众的体验。

可移动座椅的应用使体育场馆能够根据活动类型和观众规模进行灵活的座位布置和场地配置。例如，座椅可以根据比赛需要调整为固定式座位，以确保观众的视野和安全；而在举办文艺演出或展览时，座椅的移动和重新布置则能够提供更大的空间和更舒适的观赏体验。这种灵活性不仅增加了场馆的使用效率，还能够吸引更多类型的活动和各种规模的观众群体。

另外，可调节场地设计使体育场馆能够快速转换和适应不同的活动需求。例如，运动场地可以通过移动隔断或可调节的地面材料，迅速改变为舞台或展览空间。这种设计不仅节约了改建时间和成本，还允许场馆在短时间内实现功能的多样化使用，满足社区和市场对多样化活动场地的需求。

多功能性原则的实施不仅要求体育场馆在空间设计上具备灵活性，还要在设施设备和技术支持上进行充分考虑。现代体育场馆通常配备先进的音响、照明和舞台设备，以支持各种类型的文艺演出和表演艺术活动。这些设施不仅提升了活动的视听效果，还提升了观众的观赏体验，使体育场馆成为文化交流和艺术创新的重要场所。

除了文艺演出和展览，现代体育场馆还广泛应用于大型会议和社区活动。这些活动不仅扩展了场馆的使用范围，还促进了经济和社会的发展。例如，大型展览会议能够吸引国内外参展商和观众，增加当地商业和服务行业的活力，同时提升地区的国际影响力和竞争力。

（二）便捷性原则

便捷性原则关注观众席的设计和安排，以确保每个座位都能够提供良好的观赛体验。观众席的布局应考虑到视线和距离的最佳配置，以避免出现视觉盲区或观众无法清晰看到比赛的情况。通过合理的倾斜度、舒适的座椅设计和良好的安全措施，可以提升观众的舒适度和满意度，使他们在观看比赛时能够全神贯注并沉浸其中。

除了主场地和观众席的设计，便捷性原则还涉及辅助设施和服务设施的布局优化。例如，更衣室、洗浴室、医疗室和餐饮服务区等辅助设施应当被合理地安置在场馆内，以便运动员和工作人员能够方便地访问和利用。这些设施的位置和布局不仅要符合卫生和安全标准，还需考虑到流量管理和紧急情况处理的需要，确保在任何时候都能够快速响应和有效运作。

便捷性原则还包括安全设施和紧急通道的规划和设计。体育场馆作为大型公共场所，安全是至关重要的考量因素。紧急通道应当清晰标示并且畅通无阻，以便在紧急情况下迅速疏散观众和工作人员。安全设施如消防设备、急救站点和安保措施也应当合理配置和便于访问，以确保在任何突发事件发生时体育场馆能够迅速采取应对措施，最大限度地保障参与者和观众的安全。

（三）安全性原则

安全性原则在体育场馆设计和运营中具有至关重要的地位。体育场馆不仅是体育活动进行的场所，更是大众聚集、参与和观赏体育赛事的场所。安全成为体育场馆设计的首要原则和核心考量。安全性原则在执行上涵盖了多个方面，包括结构安全、防火措施、紧急疏散通道以及应急设施的设计和实施等。这些措施不仅确保了体育场馆的正常运营，更重要的是保障了所有参与者和工作人员的生命安全和身体健康。

体育场馆的结构安全是保障安全性原则的基础。结构安全涉及建筑物的设计、材料选用、施工工艺等方面，目的是确保体育场馆在使用过程中能够承受各种自然和人为因素的影响，如风力、雨雪、地震等。体育场馆的设计必须符合国家和地方的建筑规范和标准，确保建筑物的结构稳固、安全可靠。例如，在高风险地区或地震多发地区，体育场馆的设计需要考虑使用抗震、抗风等特殊材料和技术，以增强建筑物的抗灾能力和安全性。

防火措施是体育场馆安全性原则中的重要组成部分。体育场馆作为大型公共场所，日常使用中存在火灾风险，如电气设备故障、化学品泄漏等导致的火灾可能性较高。体育场馆必须配备有效的防火设施和系统，如火灾报警系统、灭火器材、自动喷水灭火系统等。体育场馆的建筑材料和装修设计也应符合防火要求，以减少火灾蔓延和扩散的风险，确保火灾发生时能够迅速控制和疏散。

紧急疏散通道和应急设施是体育场馆安全性原则中关键的一环。在突发事件或火灾等紧急情况下，体育场馆的安全疏散通道和应急设施能够有效地保障所有参与者和工作人员的安全撤离。疏散通道应设置合理、布局清晰，保证人员能够迅速有序地撤离到安全区域。应急设施包括应急照明、紧急广播系统、应急供水等，这些设施能够在紧急情况下提供必要的支持和帮助，保证疏散过程的顺利进行和人员安全。

除了建筑物本身的安全性考量外，体育场馆的安全管理和操作也至关重要。安全管理包括制定和实施安全操作规程、定期进行安全演练和培训、建立安全监测和检查机制等。这些措施能够帮助管理者和工作人员提高安全意识和应对能力，有效预防和应对潜在的安全风险和问题。例如，定期进行消防演练和安全逃生演练，以提升工作人员和参与者在紧急情况下的应对能力和协作效率，减少安全事故的发生概率。

体育场馆的安全性原则不仅仅是对建筑物本身的要求，更是社会责任和公共安全的体现。体育场馆作为公共场所，承载着大众集会和活动的功能，其安全性直接关系到参与者和公众的生命安全和身体健康。各级政府和管理者在体育场馆的设计、建设和运营中，应高度重视安全性原则的落实，不断优化安全管理措施，确保体育场馆的安全性达到最高标准，为广大参与者和观众提供一个安全、舒适和愉悦的集会场所。

二、现代体育场馆规划设计的可持续发展原则

（一）节能环保原则

在现代社会，节能环保已成为设计和建设现代体育场馆时必须遵循的重要原则。通过应用环保和节能技术，如太阳能、风能等可再生能源，以及高效节能的建筑材料和设备，体育场馆不仅可以降低能源消耗，还能显著减小对环境的负面影响。这些措施不仅符合可持续发展的全球趋势，还能够提升场馆的运营效率。

现代体育场馆在设计和建设阶段应重视的一个重要方面是能源的可再生利用。太阳能和风能作为最主要的可再生能源，已在全球范围内得到广泛应用。太阳能光伏系统通过太阳辐射转化为电能，不仅可以为体育场馆提供清洁、稳定的电力来源，还能有效降低温室气体排放和其他环境污染物的释放。例如，许多现代体育场馆在建设过程中就考虑了在场馆屋顶安装光伏电池板的方案，通过捕捉阳光能量，为场馆内部的电力需求提供稳定可靠的支持。

风能作为另一种重要的可再生能源，也在现代体育场馆的设计中得到了广泛应用。风力发电技术通过在适宜的地理条件下建设风力发电机组，将自然风力转化为电能。这种技术不仅适用于开阔地区如海岸线和平原，还可以在高山地区或城市周边等地形复杂的地区进行布局。例如，一些先进的体育场馆利用周边风能资源，建设风力发电设施，不仅为自身的电力消耗提供了部分覆盖，

还能将多余的电力输入电网，促进地方经济的可持续发展。

除了可再生能源的应用，现代体育场馆还应注重高效节能的建筑材料和设备的选择和使用。例如，采用高效的隔热材料和窗户设计，可以减少能源在采暖和空调中的损失，提升场馆内部的能源利用效率。同时，选择节能型的照明设备和空调系统，通过智能控制和定时调节，进一步降低能耗，延长设备的使用寿命，减少资源的浪费。

现代体育场馆在设计和建设过程中还应考虑到水资源的节约和再利用。通过采集雨水和设计灌溉系统，合理利用降水资源，不仅可以减少城市排水系统的负荷，还能够降低对自来水的需求，实现水资源的可持续利用。例如，一些现代化的体育场馆通过建设雨水收集系统和灌溉设施，将雨水用于草坪和植被的浇灌，有效降低了水资源的消耗和浪费。

（二）生态设计原则

生态设计原则在现代体育场馆的建设中扮演着重要角色，旨在通过融入生态理念，最大限度地减少对自然环境的破坏，并提升场馆的生态效益。现代体育场馆的设计不再仅限于功能性和美观性，而是更加关注其在环境方面的可持续性和社会责任。采用诸如绿色屋顶、垂直绿化和雨水收集系统等生态设计元素，不仅可以降低能源消耗和碳排放，还能改善水资源管理和减少城市热岛效应，为保护环境做出积极贡献。

绿色屋顶是体育场馆生态设计的重要组成部分之一。通过在建筑顶部种植绿色植被，不仅能够有效降低室内温度，还能够减少雨水径流和改善空气质量。这种设计不仅美化了建筑外观，还提升了其在环境保护方面的功能性。例如，一些现代体育场馆在设计中采用可种植的绿色屋顶,通过选择适合当地气候和生态系统的植物,提高了屋顶的生态适应性和可持续性。

除了绿色屋顶,垂直绿化也是体育场馆生态设计的重要策略之一。垂直绿化通过在建筑立面种植绿色植被,不仅能够增加城市绿化覆盖率,还能够有效降低室内外温度和改善空气质量。这种设计不仅提升了建筑的生态效益,还创造了更加宜人和健康的工作和生活环境。例如,一些现代体育场馆在建筑外墙或空地区域设置垂直绿化系统,通过选用适应性强的植物和自动灌溉系统,提升了系统的生态稳定性和可持续性。

雨水收集系统也是体育场馆生态设计的重要组成部分之一。通过设计和安装雨水收集设施,体育场馆可以有效地收集、处理和利用雨水资源,从而减少对城市自来水的依赖和排放的废水量。这种设计不仅有助于改善水资源管理,还能够减少水资源浪费和降低运营成本。例如,一些现代体育场馆在设计中考虑到雨水的收集和利用,通过建设地面排水系统和地下储水设施,实现了对雨水资源的有效利用和循环利用。

生态设计原则的应用不仅仅是现代体育场馆建设的技术选择,更是一种社会责任和可持续发展的体现。通过采用绿色屋顶、垂直绿化和雨水收集系统等生态设计元素,体育场馆不仅能够降低对自然环境的影响,还能够提升其在社会和市场中的形象。这种做法不仅符合现代社会对环境保护的需求和法规要求,还为体育场馆的长期运营和社会责任贡献了积极力量。

在实际操作中,体育场馆管理者通常会与专业的环境设计师和工程师团队合作,共同制订和实施符合生态设计原则的项目方案。这些团队不仅具备环境科学和工程技术的专业知识，还能够根据具体场地和建筑条件，提供量身定制的生态设计解决方案。例如，通过对建筑结构和用地情况的详细分析，结合先进的技术和材料选择，体育场馆可以实现最大限度地减少对自然环境的破坏，同时提升建筑的生态效益。

（三）长期运营原则

长期运营原则在体育场馆规划设计中至关重要，不仅仅关乎建设初期的投入和效益，更涉及后期的维护和运营的可持续性。体育场馆的规划设计需要综合考虑诸多因素，包括但不限于建设成本、运营效率、维护成本以及使用寿命等。特别是在现代化管理技术的应用方面，智能化管理系统被认为是提高运营效率、降低维护成本、延长设施使用寿命的重要工具。这种系统不仅能够优化设备的运行和资源利用，还能提升用户体验和管理效果，为体育场馆的长期运营奠定坚实基础。

智能化管理系统在体育场馆运营中的应用范围广泛，涵盖了设施管理的各个环节。智能灯光和空调系统通过自动化控制和节能优化，有效地管理能源消耗，减少了能源浪费和运营成本。例如，智能灯光系统可以根据不同时间段和活动需求自动调节照明亮度和色温，提高能源利用效率，同时延长灯具的使用寿命。类似地，先进的空调系统通过智能温控和空气质量监测，精确控制室内环境，减少能耗并提升用户的舒适感，进而降低了维护和运营的整体成本。

除了节能管理，智能化管理系统还涉及设施的安全监控和设备维护。安全监控系统通过视频监控和智能识别技术，实时监测场馆内外的安全状况，及时发现和应对潜在的安全风险，保障了运动员和观众的安全。而设备维护方面，智能化系统通过远程监控和预测性维护功能，能够实时跟踪设备的运行状态，提前预警和处理可能出现的故障，避免设备长时间停用或因故障影响正常的运营活动。

在长期运营原则的考量下，智能化管理系统的应用不仅仅是为了提升设施的效率和降低成本，更是为了增强体育场馆的竞争力和可持续发展能力。例如，这些系统可以提升管理效果和服务质量，吸引更多的体育活动和社区活动选择在此举行，进而增加场馆的使用率和经济效益。通过精细化的运营管理和数据分析，管理者可以及时调整策略和服务，以满足不断变化的用户需求和市场趋势，保持场馆的活力和吸引力。

智能化管理系统还为体育场馆的未来发展提供了技术基础和数据支持。通过大数据分析和智能化预测，管理者可以更加科学地制订设施更新和升级计划，优化资源配置和设备投资，确保设施在长期使用中保持先进性和竞争力。这种长远规划和投资，不仅有助于延长场馆的使用寿命，还为未来的可持续发展和创新提供了坚实的技术和管理基础。

第二节　功能区划与空间布局

一、现代体育场馆的功能区划

（一）竞技区

1. 主赛场

主赛场不仅仅是体育比赛的举办地，更是体现一个城市体育文化和活力的重要象征。从足球场到篮球馆，这些设施的设计和布局直接影响着观众的体验和运动员的表现。比如，足球场的草坪质量直接影响比赛的进行和球员的表现。在一场紧张激烈的比赛中，观众席环绕的设计能够确保每个观众都能有良好的视野和观赛体验，同时良好的声效设施也能增强比赛现场的氛围和紧张感。这些细节不仅仅是为了提高比赛质量，更是为了吸引更多的观众参与体育活动，促进体育文化的传播和发展。

在体育赛事管理中，主赛场的设施齐全和功能完备是确保比赛顺利进行的基础。例如，篮球馆不仅需要具备标准的比赛场地，还要考虑到观众席的设计和安排，以及安全设施的设置，如紧急疏散通道和安全出口。这些措施不仅保障了观众和运动员的安全，也提升了比赛的专业度和吸引力。主赛场的设计和管理需要综合考虑到安全性、功能性和观众体验，以确保每场比赛都能够顺利进行并达到预期的效果。

除了基本的设施要求，主赛场还承载着传播体育价值观和激发公众参与的重要使命。通过举办大型比赛，主赛场成为社会团结和文化交流的平台，吸引着来自不同背景和文化的人聚集一堂，共同感受体育的魅力。这种社会功能不仅仅是在比赛期间显现，更是通过体育赛事的持续举办和组织来促进社会的和谐与进步。

2. 训练场地

训练场地在现代体育场馆中扮演着至关重要的角色，它们被设计为专门用于运动员的日常训练和热身准备。与主赛场分离的设计原则不仅保证了训练和比赛之间的互不干扰，还确保了运动员能够在专注和安静的环境中进行高效的训练。

训练场地的设计考虑到多种因素，旨在最大限度地支持运动员的训练需求和体能发展。场地的表面和结构通常根据不同运动项目的特点进行特定设计。例如，足球和橄榄球等大场地运动可能需要开放的草坪，以模拟比赛场地的真实条件。而网球和篮球等小场地运动则可能选择硬地或人工硬地，以支持快速移动和技术训练的需求。

除了表面材料的选择，训练场地还通常配备各类必要的训练设施和装备。例如，足球训练场配备有球门、训练用球、标志物和障碍物等，以帮助球员进行射门、传球和技术训练。这些设施不仅提供了必要的训练条件，还能够根据教练的指导和训练计划进行灵活调整，以满足不同训练阶段和目标的需求。

在体育场馆中，训练场地的位置和布局也是至关重要的考虑因素。通常情况下，训练场地会与主赛场分隔开来，可以是在主赛场的周边位置或者在独立的训练馆内。这种分离设计不仅减少了比赛和训练之间的干扰，还能够为运动员提供更私密和专注的训练环境。独立的训练场地还可以根据需要进行灵活调整和专项设置,如增加额外的技术训练区域或者提供私密的身体恢复和治疗设施,进一步优化运动员的训练效果和体能表现。

另一个关键考虑因素是训练场地的容量和管理。尽管训练场地通常不需要像主赛场那样大规模容纳观众,但仍然需要考虑到人员流动、设备存放和安全管理等问题。良好的场地管理可以确保训练活动的顺利进行,同时有效地保障场地设施和运动员的安全。

除了常规的训练场地外,现代体育场馆还越来越重视高级和专业的训练设施。这些设施可能包括先进的运动科学实验室、生物力学分析系统和虚拟现实训练平台,旨在提升运动员的技术水平和竞技能力。例如,虚拟现实技术能够模拟真实比赛场景和复杂的运动动作,帮助运动员在安全和可控的环境中进行高强度的技术训练和战术演练。

(二)观众区

1. 观众席

观众席的设计是体育场馆布局中重要的一部分,它直接影响到观众在比赛或活动中的观赛体验和舒适度。合理的座位分布不仅仅是为了容纳更多的观众人数,更要考虑到视线、距离以及不同观众席位的需求,包括普通观众席和VIP观众席。通过精心设计和优化,体育场馆可以提供多样化的观赛体验,满足不同观众群体的需求,同时提升整体的观众满意度和参与感。

普通观众席的设计要求考虑到观众在比赛中能够获得最佳的视野和观赛体验。这意味着座位的布局应当能够覆盖整个比赛场地,并避免任何可能影响观众观赛体验的视觉障碍，如柱子或其他遮挡物。合理的座位倾斜设计可以确保每位观众拥有清晰的视线，无论是观看场地中央的动态比赛，还是场边运动员的表现。座位之间的间距和舒适度也是重要考虑因素，以确保观众在观看比赛时感到舒适和放松。

VIP 观众席的设计则更注重于提供高端和豪华的观赛体验。这些席位通常位于场馆的最佳位置，拥有最佳的视野和服务设施。VIP 观众席不仅仅是为了提供观赛的优越感，更是为了满足特定观众群体（如赞助商、高级会员或贵宾）的需求。这些席位通常配有更加舒适的座椅、额外的腿部空间、私人服务和独立的休息区域，使 VIP 观众能够在享受比赛的同时，体验到尊贵和特别的待遇。

除了座位本身的设计，观众席的周边设施和服务也是提升观赛体验的重要组成部分。例如，VIP 观众席设有专属的贵宾休息室、餐饮服务区和私人停车区，而普通观众席周边设有便利的餐饮区和卫生间设施。这些设施的质量和便捷性直接影响到观众在比赛间隙或结束后的整体满意度和体验感受，是体育场馆管理和设计者需要重点关注和优化的方面。

2. 休息区和餐饮区

休息区和餐饮区在体育场馆中扮演着重要角色，不仅为观众提供了休息的区域和便利的餐饮服务，更通过提升观赛体验和满足观众的多样化需求，增强了体育赛事的整体吸引力和参与感。这些区域的设计和功能布局不仅要考虑到观众的基本需求，还需兼顾安全性、便利性和舒适性，以确保观众在赛事期间能够享受到全面的服务和休闲体验。

休息区作为体育场馆内重要的功能区域，为观众提供了舒适的休息场所和社交空间。休息区通常设计为宽敞明亮、设施齐全的区域，配备有舒适的座椅、桌子和足够的活动空间，以满足观众在观赛间隙或长时间观赛后的休息需求。例如，在大型体育场馆中，休息区可以分布在各个观众席区域周围，便于观众使用。休息区的设计还应考虑到观众的多样化需求，如设立各种类型的座椅和休息设施，以适应不同年龄层次和健康状况的观众。

餐饮区在体育场馆中扮演着重要的角色，为观众提供了多样化的饮食选择和便利的就餐服务。餐饮区通常包括小吃摊、咖啡厅、餐厅等多种形式，这些区域不仅满足了观众在观赛期间补充能量的需求，更通过美食的呈现和服务的质量，增强了观赛体验的全面性和愉悦感。例如，在大型体育赛事中，餐饮区的设置需要考虑到观众人数的集中度和流动性，以确保能高效、顺畅地为观众提供服务。

休息区和餐饮区的设计不仅要满足观众的基本需求，还应考虑到安全和管理的重要性。在设计过程中，需要合理规划通道和紧急出口，确保观众在紧急情况下能够迅速疏散和安全撤离。例如，餐饮区的位置和布局应符合消防安全规范，避免火灾或其他安全风险的发生和扩散。同时，休息区和餐饮区应严格落实卫生和安全措施，确保食品的质量安全和环境的卫生清洁，防止疾病传播，避免观众健康问题的发生。

在提升观赛体验方面，休息区和餐饮区还可以通过增加互动和娱乐元素来吸引观众的注意力。例如，在休息区可以设置娱乐区，如游戏区、休闲阅读区等，为观众提供丰富的休闲选择和社交互动机会。而在餐饮区，则可以通过主题餐厅和烹饪表演等形式，丰富观众的用餐体验，增加其参与感和回头率。

(三)服务区

1.票务中心

对于现代体育场馆而言，票务中心是一个重要的服务设施，不仅提供购票、换票和咨询等基本服务，还在很大程度上影响着观众的整体体验和场馆运营的效率。票务中心通常位于场馆入口附近，这不仅方便了观众的入场流程，也成为场馆管理和营销的重要窗口。在设计和运营票务中心时，需要考虑如何提升服务效率、增强用户体验，并与现代技术和管理手段相结合，以满足观众多样化的需求和期待。

票务中心作为提供购票服务的核心部门，其效率和便捷性直接影响着观众的入场体验。现代体育场馆往往面向大型活动和比赛，观众数量庞大，购票需求集中。票务中心必须具备快速、准确处理大流量票务需求的能力。例如，可以采用先进的电子票务系统和在线购票平台，观众可以通过互联网预订和购买门票，不仅避免了排队等候的时间，还提升了购票的便利性和灵活性。

票务中心在提供换票服务时也具有重要作用。大型活动或比赛通常需要在门票购买后进行身份验证或座位分配，观众可能需要在入场前到票务中心进行换票或领取实体票。为了提高换票流程的效率，现代票务中心通常配备了自助换票设备和现场工作人员，以应对高峰时段的换票需求，确保观众能够顺利、快速地完成入场准备。

除了购票和换票服务，票务中心也是观众获取活动信息和场馆相关服务的重要咨询平台。经过专业培训的工作人员，能够提供关于场馆布局、座位安排、安全规定等方面的详细信息，并解答观众可能存在的疑问和需求。参加大型活动，如体育赛事或演唱会，观众往往不清楚入场规定和禁止携带的物品，票务中心通过提供即时、精准的咨询服务，帮助观众更好地理解和遵守场馆规定，确保活动安全和活动秩序的良好维护。

票务中心不仅仅是购票、换票和咨询服务的场所，更是场馆管理和营销的重要一环。通过票务中心的数据收集和分析，场馆管理者可以了解观众的购票偏好和行为习惯，优化票务销售策略和座位管理。例如，通过分析观众的购票时间分布和座位选择情况，可以合理调整票价策略或增加特定座位类型的供给，最大化场馆座位的利用率和收入效益。

另外，票务中心也是场馆营销和品牌推广的重要平台。通过在票务中心设置场馆活动的宣传展板或视频广告，向观众展示未来的比赛、演出和特别活动，吸引观众参与和购票。现代化的票务中心还可以与社交媒体和在线平台进行整合，通过网络营销和推广，扩大活动的曝光度和影响力，吸引更多的观众和粉丝参与场馆的活动。

2. 医疗救护区

医疗救护区在现代体育场馆的设计和运营中扮演着至关重要的角色，其设有急救室并配有专业医务人员，旨在提供及时有效的紧急医疗救护服务，以确保观众和运动员在比赛或活动过程中的安全与健康。这一设施不仅是对体育场馆功能完整性的必要补充，更是体现了对人员安全和健康的高度重视，从而提升了体育场馆在社会和体育界的整体信誉和影响力。

医疗救护区的核心功能之一是设有急救室。急救室是体育场馆医疗救护的核心区域，通常配备有必要的急救设备和药品，以应对在比赛、训练或其他活动中可能发生的突发健康问题或意外伤害。例如，医疗团队通常会配备心肺复苏设备、自动体外除颤器、急救药品以及基础的医疗设备，如血压计、血氧仪等，以便在紧急情况下迅速进行救治和医疗处理。

除了基础的急救设备，医疗救护区还需要有足够数量和资质的专业医务人员。这些医务人员通常包括具有急救和体育医学背景的医生、护士，他们通过专业的培训和其所具有的丰富经验，能够在关键时刻迅速做出正确的医疗判断和应对措施。例如，在大型比赛或体育活动中，医务人员不仅需要能够迅速响应运动员的健康问题，还需要与比赛组织者和安保团队密切合作，确保现场的安全和医疗服务的无缝衔接。

医疗救护区的设计不仅关乎设施和设备的完备性，还涉及救护路径的规划和紧急医疗响应系统的建立。例如，体育场馆在设计时通常会考虑到医疗救护区与主要比赛场地之间的距离和路径，确保医务人员能够在最短的时间内抵达现场并展开救援行动。现代技术的应用也促进了医疗救护区的管理和运作效率，如通过医疗信息系统实现急救数据的实时记录和管理，提高救护过程的可追溯性和治疗效果的评估。

在实际运营中，医疗救护区的有效管理和运作是体育场馆安全管理的重要组成部分。体育场馆管理团队通常会与专业的医疗服务供应商或医院合作，共同制订应急响应计划和医疗救护流程。这些计划和流程不仅涵盖了日常的医疗服务需求，还考虑了突发事件和紧急情况下的应对措施，如突发心脏骤停、严重运动伤害或观众健康问题等。

医疗救护区的功能还可以通过培训和演练进一步加强。体育场馆管理团队通常会定期组织医务人员参与急救和紧急医疗救护的模拟演练，以检验响应速度和处理能力，并及时更新应急响应措施。这种持续的培训和演练不仅提高了医务人员的专业水平和应对能力，还增强了医疗救护区在体育场馆整体安全体系中的作用和效果。

二、现代体育场馆的空间布局

（一）垂直布局

1. 多层结构

多层结构的设计首先能够有效地提升场馆的容纳量和灵活性。传统的体育场馆往往采用单一平面设计，座位布局相对固定，限制了场馆在承载大型比赛或活动时的灵活性和效率。而多层结构的设计允许在有限的地面面积内垂直延伸，通过分层布局，可以在同一建筑内实现多种功能区域的组合和利用。例如，底层作为比赛场地，可以根据不同运动项目的要求进行灵活布置和调整，同时上层的观众席则可以根据需要设置不同的座位类型，以满足不同观众群体的需求。

多层结构的设计提升了观众的观赛体验。通过将观众席置于场馆的上层，设计师可以更好地优化观众的视野角度，这样不仅能够为高层观众席提供更广阔的视野范围，还可以避免座位之间的视线阻挡，使观众在舒适的环境中享受比赛的精彩。多层结构设计还能够通过更合理的空间布局和座位设计，提升观众的整体舒适度和满意度，增强场馆的吸引力和竞争力。

在功能多样性方面，多层结构的设计还可以为体育场馆的运营管理带来更多的可能性和灵活性。除了比赛场地和观众席，不同层次的空间还可以容纳各种配套服务设施和功能区域，如会议室、商业区等。这些功能区域可以根据不同的使用需求和活动类型进行灵活配置和利用，有效提升场馆的综合利用率并增加经济效益。例如，上层的会议室和商业区域可以用于举办会议、展览和商业活动，增加场馆的非赛事收入来源，同时为观众和参与者提供更多的社交和娱乐选择。

多层结构的设计还有助于提升体育场馆的可持续发展性。通过有效利用垂直空间，设计师可以最大限度地减少场地的占地面积，减少土地资源的消耗和建设对周边环境的影响。同时，多层结构设计还能够通过节能技术和绿色建筑理念，优化能源利用效率，降低运营成本和环境影响，实现体育场馆的可持续发展和运营。

2. 分区功能明确

主赛场作为举办大型赛事的核心场地，其功能分区的设计至关重要。通过明确的分区设置，可以有效地提升场馆的运营效率和观众体验。地下一层通常被设计为停车场和设备间区域。停车位的充足和停车便捷性直接影响到比赛和活动的参与度和顺利性。同时，设备间的合理布局和管理能够有效支持赛事的进行，包括设备的储存、维护和准备工作。这些功能区的合理设置，不仅为主赛场提供了必要的后勤支持，也保障了赛事准备和举办的高效性。

地上一层则常见为观众区和竞技区。观众区的设计不仅仅关乎观众的舒适度体验和视野质量，还需要考虑到安全性和便利性，确保观众能够安全、舒适地观看比赛。在竞技区域，如足球场或篮球场，场地的布局和设施的完备性直接影响到运动员的表现和比赛的质量。这些区域的紧密联系和合理布局，有助于优化赛事的进行和提高观众的参与感受，同时确保运动员在比赛中达到最佳状态。

二层以上通常被规划为行政办公区和休息区。行政办公区为管理人员和工作人员提供了必要的办公设施和工作空间，用以协调和管理赛事的各项事务。同时，休息区为参与者和工作人员提供了放松和休息的空间，有助于保持体力和精力的充沛状态，以应对赛事期间的长时间工作和高强度压力。

3. 垂直交通系统

电梯作为主要的垂直交通设施，在现代体育场馆中起着至关重要的作用。它们被设计为能够快速而安全地运载大量人员上下楼层，在场馆容纳大规模观众或举办重要比赛和活动时尤为重要。现代的电梯不仅注重速度和容量，还特别关注安全性和舒适性，以保证用户在使用过程中的良好体验和安全保障。在设计上，电梯的位置和数量通常会根据场馆的布局和使用需求进行合理规划，以最大化提高效率和便利性。

扶梯则是另一种常见的垂直交通设施，特别适用于人员流动密集的区域，如入口大厅和观众席层。它们通过连续运行的机械带，将乘客快速移动到不同楼层，避免了单一楼梯的拥堵和延误。现代扶梯设计注重安全性和高效率，常配备自动化控制系统和安全装置，确保在高峰时段和紧急情况下仍能有效运行，并保障乘客的安全和使用舒适。

除了电梯和扶梯，楼梯作为传统的垂直交通设施，在体育场馆的设计中仍然扮演着重要角色。它不仅提供了备用的上下楼通道，还在火灾或其他紧急情况下起到了重要的疏散作用。现代体育场馆的楼梯设计通常考虑到安全性、舒适性和便利性，包括合适的坡度、防滑处理和良好的照明条件，以确保用户能够安全而迅速地到达目的地。

在体育场馆的整体规划和设计中，垂直交通系统的布局和选择需要综合考虑多方面因素。场馆的大小和功能定位决定了电梯、扶梯和楼梯的数量和位置安排。大型体育场馆通常会设立多个主要电梯和扶梯，以满足大量观众的迅速进出需求；而小型场馆可能会侧重于楼梯的布局，通过合理设计提供便捷的人员流动路径。

安全性是垂直交通系统设计的首要考量。在体育场馆内，人员流动的安全和顺畅直接影响到观众和工作人员的体验和场馆运营的效率。电梯、扶梯和楼梯的设计必须符合国际安全标准和当地建筑规范，配备必要的紧急撤离措施和安全设施，确保在紧急情况下能够迅速有效地疏散人员，并避免事故的发生。

垂直交通系统的设计还应考虑到用户的舒适性和便利性。现代体育场馆注重用户体验，电梯、扶梯和楼梯的设计不仅要满足功能需求，还要提供舒适的乘坐体验和便捷的使用方式。这包括良好的空气循环、适当的空间设计和便于操作的控制系统，以增强用户对体育场馆的整体满意度和使用体验。

（二）水平布局

1.功能区相对独立

功能区的相对独立性在体育场馆的规划和设计中扮演着关键角色，它旨在确保竞技区、观众区和服务区之间的功能分离和有效管理，以提升整体运营效率和用户体验质量。这一原则涉及场馆内不同区域的布局和空间规划，旨在最大限度地减少不同功能区之间的干扰和交叉影响，从而为运动员、观众和工作人员提供安全、舒适和高效的使用环境。

竞技区的相对独立性要求其作为主要运动比赛和训练的核心区域，应当被有效隔离和保护。这意味着竞技区域应当具备高度的私密性和专注性，避免外部因素对运动员和比赛过程的干扰。为了实现这一目标，竞技区通常被设计为相对封闭的空间，如篮球场、足球场或游泳池等，周围设有适当的隔离和安全措施，确保比赛和训练能够在安全和保密的环境中进行。

观众区的设计也是保证功能区相对独立性的重要组成部分。观众区作为提供观赛体验的主要区域，应当与竞技区有明确的界限和分隔，以避免观众活动对比赛和运动员造成干扰。这意味着观众席的位置和布局应当被合理设计，确保观众能够在享受比赛的同时，不会对比赛过程产生负面影响。通过合理的座位分布、视线角度和舒适度的优化，观众区可以提供最佳的观赛体验，同时保持与竞技区的功能分离性。

除了竞技区和观众区，服务区在功能区相对独立性原则中也扮演着关键角色。服务区包括更衣室、医疗室和餐饮服务区等，它们的布局应当与竞技区和观众区有明确的分离，以便为运动员和观众提供高效和无干扰的服务。例如，更衣室和医疗室通常被设计在离竞技区有一定距离的地方，以保护运动员的隐私和精力集中。同时，餐饮服务区应当被布置在观众区的外围或者离竞技区较远的位置，避免食物气味或人流对比赛的影响。

功能区相对独立性原则在体育场馆设计中具有重要意义，它不仅关乎运动员的竞技表现和观众的观赛体验，更关乎到场馆的运营效率和安全管理。通过合理的空间规划和功能区域的明确分隔，体育场馆既可以最大限度地提升每个参与者的体验感，又可以为体育活动的顺利进行打下坚实的基础。在未来的场馆规划和更新中，继续强调功能区相对独立性的原则将是持续优化和提升场馆整体运营效能的关键路径之一。

2. 流线设计合理

流线设计在体育场馆中至关重要，它直接影响人员流动的效率和体验质量。优化人流和物流的动线设计，不仅要考虑到运动员、观众和工作人员的不同需求，还需兼顾安全、便利性和场馆功能的整合，以确保体育场馆在大型活动中实现高效管理和良好运营。

体育场馆的流线设计应以运动员的需求为重点，特别是在大型比赛和赛事中。为了确保运动员能够在比赛前后进行准备和好好休息，独立的运动员通道和专用区域显得尤为重要。这些通道和区域通常设计为直接连接更衣室、训练场地和比赛场地，避免与观众和其他工作人员产生交叉干扰，保障运动员的私密性和专注度。例如，在足球比赛中，运动员通常会通过专门设置的通道进入场地，以减少与观众和媒体的接触，同时保持心理状态和比赛集中力的稳定。

观众通道的设计在体育场馆的流线规划中也占据重要位置。观众通道不仅要保证观众能够便捷进出场馆，还需考虑到观赛体验的连贯性和舒适度。设计观众通道时，应根据不同观众席区域的位置和人数分布，合理规划主通道和分支通道，确保观众能够快速找到自己的座位并方便地离开。观众通道的宽度、楼梯和坡道的设置也需符合建筑规范和安全要求，以应对高峰期的人流压力和紧急情况的疏散需要。

除了运动员和观众通道外，工作人员通道的合理设计同样不可忽视。体育场馆内部的运营和管理依赖于工作人员的协调和高效运作，因此工作人员通道的布局和连通性直接关系到场馆的运营效率和服务质量。在设计工作人员通道时，应考虑到不同部门和职能的工作区域之间的流动需求，设置便捷的通道和交通节点，确保工作人员能够迅速响应和处理各类事件与需求，从而保障活动顺利进行并提升观众满意度。

合理的流线设计不仅关乎人员流动的效率，还涉及体育场馆整体运营管理的智能化和现代化水平。通过采用先进的技术手段如智能监控系统、实时数据分析和预测模型，可以对人员流动进行精准监测和调控，优化通道设计和资源配置，提升场馆的整体运营效率和管理水平。例如，利用实时数据分析可以识别和解决通道拥堵、人员集中等问题，通过调整和优化流线设计，从而提升观众的体验感和满意度。

3.景观和绿化区

设计和建设现代体育场馆时，周围的景观和绿化区不仅是美化环境的重要组成部分，更是提升场馆整体品质与观众体验的关键要素。通过合理规划和精心设计，可以为观众提供舒适宜人的休闲空间，增强场馆的生态环境和可持续性发展。

景观设计在现代体育场馆周围的应用，不仅仅是为了美化环境，更是为了营造一种和谐的氛围和视觉效果。例如，通过布置各色花卉和树木，打造季节性变化的花园景观，不仅能增添色彩斑斓的自然元素，还能为观众带来视觉上的愉悦。在大型体育赛事或活动期间，这些景观设计不仅能够吸引观众的注意，还能为他们提供休憩和拍照的理想场所，进一步增强参与感和活动氛围。

绿化区设置在现代体育场馆周围具有重要意义。草坪和树木不仅能够提供自然的阴凉和清新的空气，还能有效缓解城市热岛效应，改善周边的生态环境。特别是在夏季高温天气中，绿化区不仅为观众提供了理想的休息和遮阴空间，还有助于降低场馆内外的环境温度，提升整体的舒适度。

现代体育场馆的景观和绿化设计还应考虑到可持续性发展的要求。通过选择抗逆性强、生长迅速且适应性强的植物品种，可以有效降低绿化维护的成本和频率，同时减少对水资源和化学药品的依赖。例如，采用低水耗和抗旱的草坪种类，以及耐寒耐热的树木品种，能够在不同季节和气候条件下保持景观的美观和健康状态，为场馆周围的生态系统贡献力量。

景观和绿化区的设计还应考虑到观众的多样化需求和使用习惯。除了美化和生态功能外，还可以通过设置休息长廊、户外座椅等设施，为观众提供更多元化的休闲和社交空间。例如，在体育赛事或演出结束后，观众可以在设施完备的休息长廊内享受茶点或小吃，与朋友交流或休息放松，从而增强场馆的社交功能与吸引力。

现代体育场馆的景观和绿化设计还可以通过引入艺术装置和雕塑等元素，进一步提升场馆的文化氛围和艺术价值。通过在草坪或花园中布置具有代表性的雕塑作品或艺术装置，不仅能够增强场馆的文化底蕴，还能吸引艺术爱好者和观众的注意，丰富他们的参观体验与文化享受。

景观和绿化区在现代体育场馆的设计和建设中具有重要的功能和意义。通过合理规划和精心设计，可以为观众提供舒适宜人的休闲空间，增强场馆的生态环境和可持续性发展。未来，随着技术的进步和环保意识的提升，景观和绿化设计将继续在现代体育场馆的发展中发挥重要作用，为城市的建设和社区的发展贡献美好的自然环境和社会价值。

第三节 可持续性与环保设计考量

一、现代体育场馆可持续性设计

（一）使用可再生能源

太阳能作为一种清洁而可再生的能源资源，被广泛应用于现代体育场馆的能源供应中。特别是在建筑设计阶段，体育场馆通常会在屋顶或合适的区域安装太阳能光伏板，用以捕捉和转换太阳能为电能。这些光伏板不仅能够在晴天和光照充足时产生电力，还可以通过电池储能系统储存多余的能量，以应对天气变化和能源需求峰谷。例如，一些现代体育场馆在设计和建设中积极考虑到太阳能的应用，通过优化光伏板的布局和技术选型，实现了对日常电力需求的部分或全部自给自足。

除了太阳能，风能也作为另一种重要的可再生能源被体育场馆选择并应用。尤其是在开阔场地或临近海岸的体育场馆，可以通过安装风力发电机组，利用风能来生成电力。风能作为一种天然且无污染的能源形式，不仅能够提供稳定的电力供应，还能够减少对传统燃煤或火力发电的依赖，从而降低碳排放和环境污染。例如，一些现代体育场馆在地理位置优势和环境条件允许的情况下，通过引入风能发电技术，为场馆内部和周边地区提供清洁和可持续的能源支持。

可再生能源的应用不仅限于太阳能和风能，还包括其他形式的清洁能源如地热能、生物质能等。体育场馆可以根据自身的实际情况和能源需求，选择合适的可再生能源技术和设施进行应用和整合。例如，一些地处地热资源富集区域的体育场馆，可以考虑利用地热能来供暖和热水供应，同时减少对传统能源的依赖和消耗。生物质能作为一种可再生的有机物质能源，也可以通过生物质锅炉或生物质气化发电等技术，为体育场馆提供热能和电能。

随着技术的进步和应用经验的积累，越来越多的体育场馆选择采用可再生能源作为其长期能源战略的一部分。这不仅有助于降低能源成本和环境风险，还提升了体育场馆在社会和行业中的可持续发展形象和市场竞争力。

（二）高效供暖和制冷

高效供暖和制冷系统在现代体育场馆的设计和运行中具有重要意义，它们不仅关乎运营成本的控制和能源利用效率的提升，还直接影响到场馆内部环境的舒适度和温度控制的效果。采用地源热泵、空气源热泵等高效能源系统，是实现这些目标的关键技术之一。这些系统利用地热和空气中的热能来提供供暖和制冷，不仅能够有效降低场馆的能耗和碳排放，还能够优化设施的能源利用效率，为体育场馆的可持续发展和环保目标做出重要贡献。

地源热泵和空气源热泵作为高效能源系统，在体育场馆的供暖和制冷中发挥了重要作用。地源热泵利用地下的稳定温度来进行热交换，通过地热能源提供稳定的供暖和制冷效果。这种系统通过地埋管道将地热能源引入系统，经过地下热交换后，再传输至建筑内部进行空调调节。相比传统的供暖和制冷方式，地源热泵不受季节影响，能够稳定且高效地运行，显著降低了运营成本和能耗，减少了对传统能源的依赖，从而减少了碳排放和环境污染。

另外，空气源热泵则通过空气中的热能来实现供暖和制冷，适用于各种气候条件下的体育场馆。这种系统利用空气中的热能进行热交换，将其转化为可用的能源进行空调调节。空气源热泵具有安装方便、运行稳定和适应性强等优点，尤其适合于中小型体育场馆或临时性体育场地的供暖和制冷需求。通过优化空气源热泵的设计和运行模式，可以进一步提高其能效比和性能稳定性，确保体育场馆在不同季节和温度条件下的供暖和制冷效果。

除了地源热泵和空气源热泵，其他高效能源系统如节能型空调设备和智能化温控系统也在现代体育场馆中得到广泛应用。这些系统通过采用先进的能效技术和智能控制算法，实现了对场馆内部环境的精确调节和管理，有效提升了能源利用效率和舒适度。例如，节能型空调设备通过优化设计和能效化改造，降低了能耗和碳排放，同时提高了设备的运行效率和寿命，为场馆运营和管理带来了显著的经济效益和环保效益。

在高效供暖和制冷系统的应用过程中，还需要注重系统的整体设计和运行管理。这包括但不限于系统的选型与布局、管道网络的优化设计、设备的定期维护和性能监测等方面。通过科学的系统设计和合理的运行管理，可以最大限度地发挥高效能源系统的能量利用效率，确保体育场馆在各种使用情况下都能够保持良好的能效表现和运行状态。

（三）水循环利用

在现代社会的可持续发展理念引导下，大型体育场馆引入水循环利用系统具有显著的环境保护和资源节约效果。通过该系统，场馆内的废水经过一系列处理后可以再次用于清洁、冷却等多种用途，不仅降低了对外部水资源的依赖，也减少了废水排放对环境的负面影响。这种措施不仅符合节能减排的国际趋势，还体现了体育场馆在可持续发展方面的责任和担当。

水循环利用系统的核心在于将废水转化为可再利用的资源。通过先进的水处理技术，如生物过滤、反渗透和紫外线消毒等，可以有效去除废水中的污染物和微生物，使其达到再利用标准。处理后的水可以用于场馆内的不同用途，如清洁卫生设施、灌溉绿化，甚至是冷却系统的补水，从而极大地减少了对新鲜水资源的消耗。这种闭环水系统不仅有利于节约宝贵的淡水资源，还能降低废水的处理成本，减少环境风险，从而实现资源的最大化利用和环境的最小化影响。

在体育场馆运营管理中，水循环利用系统不仅是一项环保举措，也是提升场馆运营效率和成本效益的重要手段。比如，废水的再利用可以显著降低清洁和冷却系统的运行成本，同时减少了对外部供水和废水处理服务的依赖。这种自给自足的水资源管理模式不仅符合可持续发展的理念，还为场馆管理者提供了长期稳定的水资源供应保障，有助于提升场馆的整体运行效率和服务质量。

除了经济效益外，水循环利用系统还能够提升体育场馆的环境形象和社会责任感。作为城市重要的公共建筑，体育场馆在实施水资源管理方面的先进举措将赢得公众和政府的广泛认可和支持。通过在可持续发展方面的示范作用，体育场馆不仅为体育活动提供了优质的场地和环境，同时也推动了全社会对节水节能的关注和实践，从而促进了城市环境的改善和可持续发展目标的实现。

二、现代体育场馆的环保设计

(一) LEED 认证

LEED (Leadership in Energy and Environmental Design) 认证已经成为体育场馆设计、施工和运营过程中的重要目标。LEED 认证是一项国际性的绿色建筑评估系统,旨在推动建筑行业向可持续发展方向迈进。通过严格的标准和评估程序,确保建筑在能源利用效率、环境影响、资源利用和室内环境质量等方面达到高水平。对于体育场馆而言,获得 LEED 认证不仅意味着在环境保护和资源利用方面的责任担当,更是提升场馆形象、降低运营成本并增强社会认可度的重要途径。

在追求 LEED 认证的过程中,体育场馆的设计首先要注重能源效率和环境影响的最小化。这涉及采用高效的建筑设计和技术方案,以降低能源消耗和碳排放。例如,通过优化建筑外立面设计、增加隔热层和采用节能玻璃,可以有效降低空调和采暖系统的能耗。同时,利用可再生能源如太阳能和风能,不仅可以为体育场馆提供清洁能源,还能降低长期能源成本,实现环境友好型能源管理。

资源利用是另一个 LEED 认证考量的重要方面。体育场馆在建设和运营中需要大量的水资源和原材料,如钢铁、水泥和木材等。通过采用可持续的建筑材料和资源回收系统,可以减少对自然资源的消耗和环境的负荷。例如,使用回收材料制造建筑材料,以及采用节水设备和灌溉系统,都有助于降低体育场馆的水资源消耗,并减少废水排放对周围环境的影响。

LEED 认证还关注室内环境质量的改善。体育场馆作为大型公共建筑，需要提供健康、舒适的室内环境，以提升用户的健康和舒适感受。在设计阶段，应注重室内空气质量的控制和改善，采用低挥发性有机化合物材料和高效空气过滤系统，从而有效减少有害气体和颗粒物的浓度，提升空气质量标准。优化室内照明设计和采光系统，不仅可以减少能源消耗，还能提升用户的视觉舒适度和工作效率。

在实施 LEED 认证过程中，有效的管理和监控是确保体育场馆符合认证标准的关键。这涉及建立完善的项目管理体系，涵盖从设计、施工到运营的全过程监控和评估。在建设阶段，应设立专门的绿色建筑团队，负责制订和执行绿色设计方案，并与承包商和供应商密切合作，确保项目符合 LEED 认证的各项要求。同时，建立有效的能耗和资源利用监测系统，实时监测和分析体育场馆的能源消耗、水资源利用和室内环境质量等关键指标，从而及时调整和优化场馆运营策略，以实现长期的经济效益和环境效益。

LEED 认证不仅是体育场馆可持续发展的重要认证，也是体育场馆在社会责任和公众形象方面的体现。通过积极追求 LEED 认证，体育场馆能够有效降低对环境的影响，提升建筑效能和资源利用效率，同时为社会和用户提供健康、安全和舒适的使用环境。对体育场馆而言，获得 LEED 认证不仅是一种荣誉，更是迈向可持续发展和绿色建筑领域的重要步骤和承诺。

（二）通风系统优化

通风系统在体育场馆设计中扮演着至关重要的角色，它不仅影响到场馆内部空气质量的优劣，还直接关系到运动员和观众的舒适感和健康状况。设计高效的通风系统旨在通过自然通风或机械通风，确保场馆内空气的流通和更新，从而提升室内空气质量，减少有害气体的积聚，并尽可能降低能源消耗，为场馆的可持续运营做出贡献。

自然通风是设计通风系统时的一种重要考虑因素。自然通风依赖于场馆建筑的布局和气流动态，通过巧妙设计建筑结构，如利用大门、窗户和天窗等自然开口，以促进自然气流的进入和流通。在体育场馆设计中，合理设置和设计这些开口能够有效地引导外部新鲜空气进入场馆，并排出内部污浊空气，从而实现室内空气质量的持续改善和优化。

机械通风作为自然通风的补充，通常用于场馆内部空间复杂或气流不畅的区域。机械通风系统通过安装风扇、空调系统和空气处理设备等，实现对室内空气流动的精确控制和调节。这些设备可以根据实际需要调整空气循环和过滤效果，确保在各种天气条件下，场馆内部的空气质量始终保持在理想状态。

除了通风系统的设计，有效的空气质量管理也是优化场馆通风的关键因素之一。定期清洁和维护通风设备，保证其正常运行和高效工作，对于持续提升室内空气质量至关重要。定期检查和监测室内空气质量，包括测量CO_2浓度、湿度和颗粒物含量等，可以帮助管理人员及时发现和处理潜在的空气污染问题，保障运动员和观众的健康和舒适体验。

在能源消耗方面，优化通风系统的设计也意味着在保证室内空气质量的同时尽可能降低能源消耗。采用节能型设备和技术，如高效能风扇、智能控制系统和能源回收装置，可以有效降低通风系统的能耗，减少场馆运营的能源开支，符合可持续发展的设计理念和环保要求。

（三）绿化与生态环境

对于体育场馆周边的绿化与生态环境规划，特别是通过生态恢复区域的设计与管理，旨在利用种植本地植物和建立湿地等方式，有效恢复和保护当地的生态系统，从而提升生物多样性和改善环境质量。这一举措不仅仅是为了美化和增强场馆周边的自然景观，更是为了在体育赛事和活动之外，创造一个可持续发展的生态环境，实现人与自然和谐共生的目标。

在生态恢复区域种植本地植物是保护和促进地方生物多样性的重要手段。本地植物通常适应当地的气候、土壤和水文条件，能够更有效地根植于该地区的生态系统中，提供食物和栖息地，支持当地野生动植物的生存和繁衍。在体育场馆周边，通过选择适宜的本地植物种类进行种植，可以有效改善土壤质量、促进水资源的循环利用，并减少对外来物种的依赖，降低对生态系统的外来影响，保持和增强周边自然生态系统的健康和稳定。

建立湿地是提升生态环境质量和生物多样性的重要措施之一。湿地不仅能够有效过滤和净化水质，还能为众多野生动植物提供理想的栖息地和繁衍场所。在体育场馆周边规划和建设湿地区域，可以利用自然或人工方式形成湿地生态系统，如人工湿地、湿地公园等，通过合理的湿地植被配置和水体管理，促进水生生物的生长和繁衍，增强周边生态系统的稳定性和生态服务功能。例如，湿地可以吸收和净化降水中的污染物质，降低径流对地表水质的负面影响，有效保护和改善场馆周边的水域生态环境。

除了种植本地植物和建设湿地，体育场馆周边的绿化与生态环境规划还应考虑到可持续性发展的原则和实际操作。例如，选择抗旱、耐寒、抗污染的植物品种,合理配置植被覆盖和开放空间,优化周边的生态功能和景观效果。同时,通过科学的生态管理和监测手段,定期评估和调整绿化方案的实施效果,确保生态恢复和环境改善的持续效益和成效。

在社会意识和公众参与方面,体育场馆周边的绿化与生态环境规划应积极引导和鼓励社区居民和观众参与生态保护和环境改善。通过开展环境教育活动、组织生态志愿服务,以及推广生态文化理念,培养公众的环保意识和参与态度,共同推动生态环境的改善和可持续发展。

第三章 现代体育场馆建设管理

第一节 建设项目管理流程

一、前期规划与设计阶段

（一）需求分析与可行性研究

在进行体育场馆建设项目之前，进行详细的需求分析和可行性研究是确保项目成功和可持续发展的关键步骤。需求分析旨在深入了解和界定体育场馆的功能需求、规模要求以及预期的使用目的，从而为后续的设计和规划工作提供清晰的指导和依据。同时，可行性研究则旨在全面评估项目在经济、社会和环境方面的潜在影响和可行性，为决策者提供科学的依据和决策支持，确保项目的可持续性和利益最大化。

需求分析阶段涉及对体育场馆功能需求的全面探讨和分析。不同类型的体育场馆，如多功能体育馆、专业运动场地或训练场地等，其功能需求和使用目的可能存在显著差异。例如，一个多功能体育馆可能需要考虑到举办体育比赛、文化演出、大型活动和展览等多种功能的需求，因此在设计和规划时需要灵活考虑各种使用场景的需求。相比之下，专业运动场地或训练场地可能更加注重运动员训练和比赛的专业性和安全性要求，需要提供先进的设施和技术支持，以满足高水平运动训练的需求。

需求分析还涉及对体育场馆规模和空间布局的综合评估。规模的确定直接关系到场馆的容纳能力和使用效率。例如，根据预期的观众人数和运动员参与情况，需要合理规划座位布局、场地设置和通道设计，以确保观众和运动员的舒适性和安全性。空间布局的设计应考虑到不同功能区域的相互关系和通行流线，使得整个场馆的运营管理更加高效和便捷。

需求分析阶段还需考虑到体育场馆的技术设施和设备需求。现代体育场馆通常需要配备先进的音视频设备、照明设备、空调系统、安全监控设备等，以支持各类活动和比赛的顺利进行。技术设施的规划和选择应符合国际标准和安全要求，同时考虑到设备的维护成本和更新换代的可持续性，确保设施的长期运营和使用效果。

可行性研究作为需求分析的补充，是在明确了体育场馆的功能需求和规模要求之后进行的关键步骤。可行性研究不仅限于经济层面的评估，还涉及社会、环境和政策等多方面因素的综合考量。

在经济可行性方面，可行性研究需要对项目的投资成本、运营收入和财务回报进行详细分析和预测。这包括项目建设阶段的资金需求、运营阶段的收入来源和成本管理，以及项目达到盈亏平衡和投资回报的时间预期。通过制订合理的财务计划和风险评估，评估项目在不同市场条件下的经济可持续性和投资吸引力。

在社会可行性方面，可行性研究需要评估项目对当地社区和居民的社会影响和福利贡献。体育场馆作为公共设施，除了提供体育运动和娱乐活动的场所外，还能够促进当地经济发展、提升城市形象和文化软实力，增强社区凝聚力和文化认同感。评估项目在社会层面的可行性，包括社会接受度、文化影响力和社区参与度，这些都是确保项目顺利推进和成功运营的重要考量因素。

在环境可行性方面，可行性研究需要评估项目对自然环境和生态系统的潜在影响和可持续性策略。特别是在选择建设地点和设计方案时，应充分考虑到环境保护和资源利用效率，采取适当的环境管理措施和生态保护措施，以减少对生态环境的负面影响，并最大化项目对生态系统的恢复和保护作用。

（二）项目规划与方案设计

项目规划阶段的核心在于从需求出发，制定清晰的场馆总体布局。这不仅涉及场馆内部各功能区域的合理布置，还需考虑到场馆与周边环境的协调与整合。例如，根据不同类型的体育比赛和文化活动需求，确定主竞技场地、训练区、观众席和后勤保障区的相对位置，以确保场馆内外活动的高效运作和观众体验的最大化。

功能分区的设计在项目规划中占据重要地位。通过合理划分主竞技场地、休息区、后勤保障区、媒体中心等功能区域，不仅能够提升场馆的运营效率，还能有效分隔不同活动的流线和人员流动，确保比赛和活动的安全顺畅进行。例如，将观众通道、运动员通道和工作人员通道设计分离，同时考虑到紧急疏散和安全管理的需求，以提升整体管理和服务水平。

在交通组织方面，项目规划需要综合考虑场馆周边的交通流量、道路布局和公共交通接驳等因素。通过设计合理的停车场、交通引导系统和步行道，为观众和工作人员提供便捷的出行通道，同时减少交通拥堵和环境污染。特别是在大型赛事或文化活动期间，有效的交通组织设计能够显著提升活动的整体运行效率和参与者的满意度。

环保措施在现代体育场馆项目规划中也占据重要地位。从建筑材料的选择到能源利用的优化，以及废物处理和水资源管理的策略制定，都需要充分考虑到环境保护和可持续发展的原则。例如，采用节能环保的建筑材料，配置高效的能源管理系统，引入可再生能源如太阳能和风能，从而降低场馆的能耗和碳排放，减少对自然资源的消耗和环境影响。

在方案设计阶段，综合考虑建筑美学、结构安全和技术可行性是保证项目成功实施的关键。建筑美学不仅要考虑到场馆外观的设计与周围环境的协调，还需考虑到内部空间的舒适性和视觉效果，为观众和参与者营造良好的视觉体验和氛围。结构安全则是保障场馆运行和活动安全的基础，通过先进的结构设计和工程技术，确保场馆在极端天气和紧急情况下的稳固性和安全性。技术可行性则是指在现代科技的支持下，利用智能化系统和信息技术，优化场馆管理和服务流程，提升运营效率和服务质量。

在项目规划与方案设计过程中，多方论证和优化是确保项目成功的重要手段。通过与专业设计团队、技术专家和利益相关者的深入交流和协作，充分挖掘项目的潜力和可行性，解决设计和实施中的各种挑战和难题，确保项目能够按时、高质量地完成并投入使用。

(三)审批与招标程序

审批与招标程序在现代体育场馆建设中是确保项目顺利实施和达到高质量标准的关键环节。完成项目规划和方案设计后,体育场馆必须依据国家和地方的建设法规和标准,通过相关部门的审批程序后,才可以启动招标程序。而启动招标程序是为了选择具有相应资质和经验的设计单位、施工单位和监理单位,确保项目在设计、施工和监管各个阶段都能够达到预期的目标和质量要求。

体育场馆建设项目的审批程序是保证项目合法合规的重要步骤。在完成项目规划和方案设计后,建设单位必须向相关主管部门提交项目申报材料,并接受审查和审批。这些主管部门通常包括城市规划管理部门、建设工程质量监督部门以及相关环保和消防安全部门。审批程序的目的在于确保体育场馆的建设符合国家和地方的法律法规,包括土地利用规划、建筑设计规范、环境保护要求以及消防安全标准等方面的要求。例如,在城市规划管理部门的审批中,需要确保体育场馆的建设不会违反城市总体规划,保障土地利用的合理性和有效性;在环保部门的审批中,则要求项目符合环境影响评估的要求,以减少对周边环境的负面影响。

审批程序的具体流程通常包括提交建设项目申请、主管部门的初审和复审、专家评审意见的征询和审定,以及最终的批准和签发建设许可证等环节。这些程序不仅需要建设单位提供详尽和合规的项目资料,还要求主管部门在法律法规的框架内进行严格的审查和评估,确保项目在可行性、合法性和安全性等方面都能够得到充分保障。例如,在某体育场馆项目的审批过程中,建设单位需要提交详细的建设方案、施工图纸、技术规范和环保措施等文件,以及承诺书和保证书,以证明项目的合规性和可行性。

完成审批后,体育场馆建设项目需要启动招标程序,选择合适的设计单位、施工单位和监理单位。招标程序是通过公开、公平、公正的方式,选择具有专业能力和经验的承建方和监理方,确保项目在实施过程中能够达到高质量的建设标准和技术要求。招标程序通常由建设单位组织或委托专业招标代理机构负责管理和执行,整个过程涉及招标文件的编制、发布、投标、评标和中标等多个环节。

在招标文件的编制中,建设单位需要清晰规定项目的技术要求、合同条件、质量标准和安全措施等内容,确保招标参与者能够明确项目的需求和要求。招标文件的发布通常通过公告形式,向社会公众和相关行业发布招标公告,并邀请符合条件的设计单位、施工单位和监理单位参与投标。投标人需要提交详细的技术方案、施工计划、资质证书、施工能力证明以及经济报价等文件,以展示其在项目实施中的专业能力和竞争优势。

评标阶段是招标过程中的关键环节,评标委员会根据招标文件规定的评标标准和权重,对投标文件进行综合评估和比较分析,最终确定中标单位。评标标准通常包括技术方案的创新性和可行性、施工能力和施工经验、项目管理和安全控制措施,以及经济报价的合理性和经济性等方面。中标单位需在签订正式合同后,根据合同约定和招标文件的要求,承担设计、施工或监理工作,并按时保质保量完成体育场馆建设项目的各项任务和目标。

二、建设实施与验收阶段

(一)施工管理与质量控制

在任何建筑项目中,施工管理和质量控制都是确保工程顺利进行和最终成品达到预期标准的关键因素。下文将深入探讨如何通过严格的施工管理和有效的质量控制措施,来保证项目的技术标准和质量要求得以实现。

在建设实施过程中,严格按照设计方案和施工计划进行施工管理是确保项目进度和质量的基础。管理团队必须对每一个施工环节进行精准的监督和把控,以确保各项工作按照既定标准进行,同时协调各方资源,提高施工效率。

现场监督是施工管理中不可或缺的一环。通过现场监督,管理团队可以及时发现和解决施工中的问题,确保施工过程中的各项工作符合技术标准和安全要求。定期的现场巡查和检查,可以有效预防施工质量问题的发生,保障工程的顺利进行。

有效的质量控制策略是保证建筑工程质量的关键。通过建立严格的质量控制标准和程序,以及采用先进的检测设备和技术手段,可以确保每一个施工环节都符合质量要求。定期的质量检查和验收是质量控制的重要手段,通过验收标准化和过程控制,及时发现并解决施工过程中存在的问题,防止质量缺陷的扩大和累积。

在施工过程中难免会遇到各种技术和管理上的挑战,因此及时解决问题和改进措施是保证工程质量和进度的关键。管理团队需要及时响应和处理施工中出现的问题,采取有效的措施防止因问题扩大影响工程进度和质量。

（二）进度管理与成本控制

在任何大型建筑项目中，合理安排施工进度和严格控制成本是确保项目成功的关键因素。进度管理涉及工程各个阶段的时间安排和工序推进，而成本控制则是确保项目在预算范围内运作的关键。通过科学的进度管理和成本控制手段，项目团队可以有效地监控和调整项目进展，从而确保项目能够按时按质完成，同时避免因为超支而导致的额外成本和延误。

有效的进度管理是项目成功的基石之一。它涵盖了项目计划的制订、任务分解、工期安排和进度监控等方面。项目的每个阶段都需要明确时间表和关键路径，以确保各个工序能够按时推进并顺利衔接。例如，在建筑项目中，从地基开挖到建筑结构、设备安装再到内部装修，每个阶段都有其特定的时间要求和依赖关系。通过制订详细的施工计划和阶段性里程碑，项目管理团队可以及时发现并解决可能影响进度的问题，保证整个项目的进展符合预期。

成本控制是项目管理中另一个至关重要的方面。建筑项目往往涉及大量的资金投入，包括材料采购、人工费用、设备租赁等多个方面。有效的成本控制不仅意味着严格执行预算，还包括对成本的监控、分析和预测。通过制订详细的预算计划和成本核算标准，项目管理团队可以确保每一笔支出都得到充分的审批和合理的使用。例如，通过实施采购管理和供应链管理策略，可以优化材料采购流程，降低采购成本并确保材料供应的及时性和质量。

在进度管理和成本控制的实施过程中，项目管理团队还需采用现代科技和信息化工具来提升管理效率和透明度。例如，项目管理软件可以帮助团队实时跟踪工程进度和成本情况，提供数据分析和决策支持。通过建立有效的沟通和协调机制，项目团队能够及时共享信息、解决问题，并做出及时调整，以应对项目执行过程中的各种挑战和变化。

进度管理和成本控制的成功实施也离不开团队的有效管理和领导力。项目经理及其团队需要具备良好的组织协调能力和决策能力，能够有效地分配资源、管理风险，并协调各方利益。通过建立良好的团队合作氛围和强化团队培训，可以提升团队的执行能力和应对复杂环境的能力，从而确保项目能够在竞争激烈的市场中保持领先地位和持续发展。

（三）竣工验收与运营准备

竣工验收与运营准备是体育场馆建设项目中至关重要的阶段，直接影响着场馆的后续使用效果和管理效率。在项目建设完成后，进行全面的竣工验收是确保体育场馆各项功能和设施符合设计要求和使用标准的必要步骤。竣工验收合格后，随之展开的运营准备工作包括设备的调试、人员的培训和运营方案的制定，旨在确保场馆能够顺利投入正常运营，满足用户和管理方的需求。

体育场馆的竣工验收过程涵盖了多个方面的评估和检查，以确保建设项目达到预期的技术、安全和质量标准。竣工验收团队会对场馆的结构安全性进行详尽检查，包括建筑物的承受能力、防火安全系统和紧急疏散通道等。这些方面的评估不仅要求符合国家建筑规范和安全标准，还要考虑到体育场馆作为大型公共场所可能面临的各种应急情况，确保安全性达到最高水平。

除了结构安全外，竣工验收还涉及场馆的功能性能和设施设备的实际运行效果。这包括体育设施如体育场、训练场地、运动器材等的完好性和使用效能，以及配套设施如观众席、VIP区域、媒体设施等的布局合理性和功能完备性。

通过系统的检测和测试，竣工验收确保所有设施和设备均能正常运行，达到设计要求和用户期待的标准，为后续的运营提供坚实的基础。

在竣工验收合格后，体育场馆的运营准备工作成为接下来的重要任务。首先是设备的调试和运行试验，包括体育设施的设备调整和功能测试，确保各项设备能够稳定运行并满足不同活动的需求。例如，体育场地的灯光和声音系统、运动器材的调整和保养，都需要经过专业技术人员的调试和检验，保证设施在使用中的稳定性和安全性。

除了设备调试外，人员培训也是运营准备阶段不可或缺的部分。体育场馆的运营需要各类管理和服务人员具备专业的操作技能和服务意识，以保障场馆的正常运转和提供高质量服务。针对管理人员、维护人员和安保人员等不同岗位人员，进行系统的培训和技能提升显得尤为重要。培训内容涵盖了场馆设施的使用方法、应急处理流程、服务标准以及与用户沟通和协调的技巧等，旨在提升团队整体的服务水平和应对能力。

运营方案的制定是运营准备的关键环节之一。运营方案涵盖了场馆的日常管理和运作流程，包括场馆的开放时间、活动安排、票务管理、安全保障和用户服务等方面的详细规划。通过制定科学合理的运营方案，体育场馆能够有效地提升资源利用效率，优化服务质量，实现经济效益和社会效益的双赢。

第二节 成本控制与预算管理

一、现代体育场馆的成本控制

（一）建设成本控制

1. 合理选址与规划

合理选址与规划在体育场馆建设中具有关键性的意义，它不仅关乎到场馆的建设成本和后期运营效益，还直接影响到场馆的可持续发展和社会效益。选择成本适宜的地理位置，必须基于详细的市场调研和规划分析，以确保在最大程度上减少后期建设和运营成本，并有效满足社会需求和发展预期。

选址过程中的市场调研是确保合理选址的关键步骤之一。市场调研涉及对当地市场需求、人口分布、交通便利性、经济发展情况以及竞争对手情况的全面分析和评估。通过市场调研，可以深入了解目标市场的特点和趋势，为后续的选址决策提供客观依据和数据支持。例如，一个合适的选址应当考虑到场馆所服务的目标群体的分布情况，以及周边社区居民的生活和运动习惯，确保场馆的建设和运营能够得到充分的社会支持和市场认可。

选址的经济成本和可行性分析是确定合理选址的重要依据。在市场调研的基础上，进行经济成本和可行性分析可以全面评估不同选址方案的建设成本、土地成本、基础设施投入、税收政策以及后期运营费用等各个方面的经济影响。合理选址应当综合考虑到建设成本与预算的匹配度，选择能够最大化节约成本并且符合场馆长期发展需求的建筑用地。例如，选择位于交通便利、土地价格适中且有发展潜力的地区，可以有效降低建设和后续运营的成本负担，提升场馆的整体竞争力和可持续性。

除了经济成本外，选址过程中还需考虑社会影响和环境因素。合理选址应当遵循环境保护和社会可持续发展的原则，避免选择对周边环境和社区造成负面影响的区域。例如，避免选址在生态敏感区域或者对当地居民生活造成干扰的地段。通过环境影响评估和社会稳定性分析，选择对社会和环境都有积极贡献的选址方案。

合理选址与规划不仅仅是建设体育场馆的开始阶段，更是确保场馆长期可持续运营的关键环节。通过详细的市场调研和综合性的经济、社会、环境评估，可以为体育场馆的后续建设和运营管理提供坚实的基础和保障。在选址决策中，充分考虑各种因素的综合影响和长远效益，将有助于建立一个能够满足社会需求、经济可行性高且环境友好的体育场馆，为当地社区的发展和居民的生活质量做出积极贡献。

2.采用现代化建筑技术

在现代化建筑技术的应用中，特别是在体育场馆的设计和建设过程中，引入节能环保的建筑设计和施工技术已成为一个重要的发展方向和趋势。这些技术不仅可以显著降低体育场馆的能耗和运营成本，还能够减少对环境的负面影响，提升场馆的可持续性和运营效率。

节能环保的建筑设计通过引入绿色建筑材料，如可再生材料、低碳材料和环保认证材料，以减少对自然资源的消耗和对环境的影响。这些材料不仅具有较高的环境适应性和可持续性,还能够提升建筑的能效表现和长期使用价值。例如,利用生物质材料、再生玻璃和可回收金属等材料,可以有效减少施工过程中的能源消耗和排放,降低建筑的碳足迹,符合绿色建筑标准和环保要求。

节能设备的引入是实现体育场馆能耗降低的关键措施之一。现代体育场馆通常配备有高效的节能设备,如LED照明系统、智能温控系统、太阳能发电设备等,以优化能源利用效率和减少能耗浪费。LED照明系统相比传统照明设备具有更长的寿命和更低的能耗,能够在比赛和活动中提供良好的照明效果,并显著降低电力消耗。智能温控系统则能根据场馆内外的实时温度和湿度情况自动调节空调和通风设备的运行,实现能耗的动态管理和优化。

现代化建筑技术还包括高效的隔热和节能设计。通过优化建筑结构和外墙材料的选择,采用有效的隔热材料和隔热技术,可以减少室内外温差,降低冷热能量的损失,提升室内舒适度和能源利用效率。同时,采用双层玻璃窗户、遮阳系统和太阳能控制装置等技术手段,有效控制日照和光热进入,减少空调负荷,降低运营成本,同时提升场馆的能效性能和环境适应能力。

除了建筑设计和设备选择外,现代化建筑技术还包括先进的建筑自动化和智能化管理系统的应用。通过引入智能建筑管理系统和物联网技术,实现对场馆内部能耗、设备运行和环境质量的实时监测和精确控制。这些系统能够通过数据分析和预测,优化能源使用策略,实现节能减排目标,同时提升场馆的运行效率和管理效能。例如,通过建立智能能耗监测平台和远程控制系统,实现设备运行状态的实时监控和远程调节,有效降低能耗成本和运营管理成本,提升场馆的整体竞争力和可持续发展能力。

3. 精细化项目管理

精细化项目管理在现代体育场馆建设中具有重要意义，其核心在于严格控制工程进度、确保施工质量、避免延期和重新工作，以及有效控制建设成本。这一管理方法不仅涉及管理流程和技术手段的运用，还需要在整个项目实施过程中注重团队协作、信息传递和问题解决的高效性，以确保项目能够按时、高质量地完成。

在体育场馆建设中，工程进度的合理安排和有效管理是确保项目顺利进行的基础。通过制订详细的施工计划和时间节点，明确各项工作任务的优先级和完成期限，以及必要的里程碑和检查点。同时，运用项目管理软件和工具进行进度跟踪和动态调整，及时应对可能出现的延迟和紧急情况，确保施工进度不受不可控因素影响。

体育场馆作为大型建筑项目，对其结构的安全性和功能性要求极高。通过制订详细的质量管理计划和标准操作程序，确保施工过程中每一个环节都按照规定的技术要求和标准操作进行。引入现代化的检测设备和技术手段，进行全过程质量监控和检验评估，及时发现和纠正可能存在的质量问题，防止施工过程中出现重大质量缺陷或安全隐患，保障最终建成的体育场馆达到设计要求和使用标准。

延期不仅会影响项目整体进度，还可能导致额外的成本支出和资源浪费。通过制定合理的风险管理策略和应急预案，及时识别和评估潜在的延期风险，采取有效的措施和调整措施，如加班、资源调配或进度调整等，以最大限度地减少延期的可能性。同时，通过定期召开项目进度会议和时时沟通，确保所有相关方都清楚项目的当前状态和下一步行动计划，促进团队合作和问题解决的效率。

精细化项目管理还强调有效控制建设成本。在体育场馆建设中，成本管理是项目管理的核心内容之一。通过制订详细的预算和费用控制计划，对各项施工和运营支出进行精确核算和监控。采用成本管理软件和工具进行实时成本跟踪和分析，及时发现超支情况和资源浪费，调整资源配置和施工方案，以保持项目在预算范围内的可控成本，确保建设过程的经济效益和财务可持续性。

（二）运营成本控制

1. 设备维护和管理

建立完善的设备维护计划和管理体系，是确保体育场馆设备长期稳定运行的关键步骤。定期检查和维护设施设备不仅能延长设备的使用寿命，还能有效降低维修成本，提升整体运营效率和用户满意度。在现代体育场馆的运营管理中，设备维护和管理常被视为保障设施设备稳定运行的基础工作。体育场馆通常配备了大量的设备，包括照明设备、空调系统、供水设施、电子显示屏、安全监控系统等，这些设备的正常运行直接影响到场馆内比赛、训练和活动的顺利进行。建立科学合理的设备维护计划显得尤为重要。针对不同类型的设备，制定相应的维护周期和维护内容。例如，对于关键设备如空调系统和电力设备，可能需要进行定期的清洁、检查和保养，以确保其运行效率和安全性。而对于常规设备如灯具和音响设备，则可以采取定期检查和维护，及时更换老化部件，预防性地减少设备故障和停机时间。

维护计划的制订还应考虑设备的使用频率和环境条件。体育场馆通常会面临高频率的使用和多样化的活动需求,因此设备的磨损和老化速度较快。针对这些情况,可以采用巡回检查和常规保养相结合的方式,定期对设备进行全面检查和维护。例如,在比赛或大型活动前后,可以加强设备的检查和调试工作,确保设备在高负荷使用时能够稳定运行。

除了定期维护外,设备维护和管理还包括应急维修和故障处理。即使在严格执行维护计划的情况下,设备仍可能出现突发故障或问题。体育场馆需要建立健全的应急响应机制,包括设立专职维修人员或与专业维修服务公司建立合作关系,确保在设备故障时能够及时响应和处理,以最大限度地减少停机时间和影响活动的损失。

在设备维护和管理的实施过程中,信息化技术的应用日益重要。现代体育场馆可以借助设备管理软件和智能监控系统,实现对设备运行状态的实时监测和数据分析。通过数据分析,可以识别设备的使用趋势和潜在故障预警,及时调整维护计划和加强关键设备的监控。例如,利用物联网技术和大数据分析,可以实现对设备能耗、运行效率和维修历史的全面管理,从而优化维护策略,提高设备的整体性能和使用效率。设施管理团队需要具备专业的技术知识和操作技能,能够熟练操作和维护各类设备。体育场馆可以定期组织技术培训和安全培训课程,提升员工的专业素养和应急处理能力,确保设备管理工作的高效运行和安全可靠。

2.节约能源和资源

在当今社会,能源和资源的有效利用已成为全球性的重要议题。随着工业化和城市化进程的加速,人类对能源的需求不断增长,而资源的有限性也日益显现。如何在满足发展需求的同时减少能源消耗成本，成为各界共同面对的挑战和责任。在这一背景下，采用高效节能设备和技术显得尤为重要和紧迫。

LED 照明技术的广泛应用是当前节能的一个重要方向。相比传统的白炽灯泡和荧光灯，LED 灯具具有更高的能效比和更长的使用寿命，能够显著减少能源消耗。例如，一般 LED 灯泡的功耗仅为传统白炽灯泡的一半甚至更少，而且 LED 灯具不含汞等有害物质，符合环保标准。在室内和室外照明需求中广泛推广 LED 技术，不仅能有效节约能源，还能降低能源消耗成本，减少光污染对环境的影响。

智能控制系统的应用也为能源节约提供了创新解决方案。智能控制系统基于先进的传感器和数据分析技术，能够实时监测和调节建筑物内外的能源使用情况。通过智能控制系统，可以根据不同时间段和使用需求，自动调整照明、空调、供暖等设备的运行模式和能耗，实现精细化管理和节能优化。例如，在办公楼中，智能照明系统可以根据光线强度和员工活动情况自动调节照明亮度和开关状态，从而避免能源的浪费和不必要的消耗。

除了建筑物内部，智能控制系统在城市基础设施的应用也日益普及。例如，智能交通灯可以根据交通流量实时调整信号灯的时长，优化交通通行效率，减少交通拥堵和车辆排放，进而降低整体能源消耗。这种以信息技术为支撑的智能化管理手段，不仅提升了能源利用效率，还改善了城市居民的生活质量和环境氛围。

3. 人力成本管理

人力成本管理是任何组织和项目管理中至关重要的一环。通过合理配置人员和岗位职责，可以有效提高人员的工作效率，避免资源浪费，同时有效控制人力成本的支出。在当今竞争激烈的市场环境中，有效的人力成本管理不仅能够降低企业的运营成本，还能提升组织的整体效率和竞争力。

第一，合理配置人员和岗位职责是有效人力成本管理的核心策略之一。这涉及人员在组织内的适配度和职责分配的合理性。通过对员工的技能和能力进行全面评估，并根据工作需要进行精确匹配，可以确保每个岗位都能得到最佳的人选。例如，通过招聘和内部培训，可以培养出具有专业技能和适应能力的员工，使其在各自岗位上发挥最大效益。这种精准匹配不仅提高了工作效率，还减少了员工的流动率和不必要的培训成本，从而有效控制了人力成本的支出。

第二，优化人员的工作流程和管理方式也是有效控制人力成本的重要手段。通过引入现代化的工作流程和管理系统，可以实现工作任务的分配和执行更加高效和透明。例如，采用项目管理软件或团队协作平台，可以帮助团队成员实时跟踪任务进度，优化工作流程，提高工作效率。同时，建立有效的绩效评估体系和激励机制，能够激励员工的积极性和创造力，提升团队的生产力和成果质量，从而有效控制了人力资源的使用成本。

第三，有效的人力规划和需求预测也是成功人力成本管理的关键因素之一。通过深入分析市场需求、业务发展趋势和项目周期，可以提前预测和规划人力资源的需求。这种前瞻性的规划能够帮助企业及时调整人力结构和配置，以应对市场变化和业务需求的变化。例如，根据项目的不同阶段和需求量，灵活调整人员的配备和使用，避免过剩或不足的情况发生，从而最大化地利用人力资源，减少成本浪费。

第四，持续的员工培训和发展也是管理人力成本的重要策略之一。通过提供定期的技能培训和职业发展机会，可以提升员工的专业能力和工作效率，从而实现人才的内部流动和绩效的持续提升。这种投资于员工发展的长期策略不仅能够增强员工的归属感和忠诚度，还能够降低员工流失率和招聘成本，进一步控制人力成本的支出。

（三）管理成本控制

1.信息化管理系统

信息化管理系统在现代体育场馆的建设和运营管理中扮演着至关重要的角色，它不仅仅是提高管理效率和降低成本的工具，更是实现场馆可持续发展和服务优化的重要手段。通过引入现代化的信息技术和管理系统，如财务管理软件和设备维护系统，体育场馆能够有效地优化资源配置、提升服务水平，以及适应快速变化的市场需求和管理挑战。

首先，信息化管理系统的引入体现在财务管理方面。体育场馆作为一个大型公共设施，涉及资金的日常收支、预算管理、财务报表的生成与分析等多个方面。传统的手工财务管理容易出现数据录入错误、信息更新不及时等问题，影响了管理效率和决策的准确性。而现代的财务管理软件能够集成财务核算、预算编制、成本控制等功能，实现对资金流动的实时监控和分析，提高了财务管理的精确度和效率，为场馆管理者提供了科学决策的依据。

其次，信息化管理系统还涉及设备维护和管理。体育场馆内部拥有大量的设备，如训练设备、观众席座椅等，这些设备的正常运行直接关系到场馆的服务质量和用户体验。传统的设备维护通常依赖于人工巡检和定期维护，存在着信息不及时、维护效率低下等问题。而引入设备维护系统后，可以实现设备的远程监控、故障预警、维护计划的自动化生成和执行，提升了设备管理的响应速度和效率，降低了维护成本和设备故障对场馆正常运营的影响。

最后，信息化管理系统还涉及人力资源管理和服务优化。体育场馆作为一个服务性单位，依赖于各类管理和服务人员的高效运作。传统的人力资源管理容易出现人员排班不合理、培训计划不科学等问题，影响了服务的连贯性和质量。现代化的信息管理系统能够整合人力资源管理功能，包括员工档案管理、考勤管理、培训记录等，通过智能化的数据分析和人才管理模块，优化人力资源配置，提升员工工作效率和满意度，从而提升整体服务水平和客户体验。

体育场馆管理涉及大量的敏感信息，包括财务数据、人员信息以及设备运行状态等。建立健全的信息安全管理制度，采用先进的数据加密和网络安全技术，保障信息的安全性和完整性，防范信息泄露和网络攻击，是信息化管理系统实施的重要保障措施之一。

2. 供应链管理优化

供应链管理优化是现代企业在全球化市场竞争中不可或缺的战略之一。通过与供应商建立长期稳定的合作关系，优化采购流程，并有效控制物资采购成本和物流运输费用，企业可以实现资源的最大化利用，提高运营效率，同时降低整体成本，从而增强竞争力并满足市场需求。

第一，与供应商建立长期稳定的合作关系是供应链管理优化的基础。长期合作关系不仅可以降低交易的不确定性和风险，还能够促进供应商与企业之间的信息共享和技术合作。通过建立互信和共赢的合作框架，企业能够更好地理解和满足供应商的需求，同时供应商也能够更好地支持企业的生产和提供服务。例如，通过签订长期供应协议或战略合作协议，可以确保供应稳定性和产品质量的一致性，减少因供应链中断而导致的生产停滞和成本增加。

第二，优化采购流程是提升供应链采购效率和降低采购成本的重要手段。有效的采购流程不仅包括采购需求的识别和采购计划的制订，还包括供应商选择、合同谈判、订单管理以及供应商绩效评估等多个环节。通过引入自动化采购系统和供应链管理软件，可以简化采购流程，提高决策的准确性和时效性，减少人为错误和重复工作。例如，采用电子采购平台和供应商门户网站，可以实现实时供需匹配和信息共享，从而优化采购效率和响应速度。

第三，控制物资采购成本和降低物流运输费用是供应链管理优化的重要目标之一。物资采购成本包括原材料和零部件的采购价格、运输费用以及库存持有成本等多个方面。通过有效的成本分析和谈判策略，可以优化供应商的价格和服务条件，实现采购成本的节约。同时，优化物流运输路线和选择合适的运输方式，如集装箱运输、铁路运输或空运等，可以降低物流运输费用和交货周期，提高供应链的灵活性和响应能力。

第四，持续的供应链绩效评估和改进也是供应链管理优化的关键环节。通过建立供应商绩效评估体系和关键绩效指标（KPIs, Key Performance Indicators），可以定期监控和评估供应商的表现，及时发现和解决潜在的问题和风险。通过供应链的持续改进和优化，企业能够不断提升供应链的效率和效益，实现成本的持续降低和服务质量的提升，从而增强市场竞争力和客户满意度。

3. 风险管理与预案

在体育场馆建设前期，应通过系统的风险识别和评估，全面分析可能涉及的各类风险。这些风险包括但不限于经济风险、技术风险和环境风险。经济风险主要涉及资金供给不足、预算超支、市场需求波动等因素，可能导致项目资金链断裂或者投资回报低于预期。技术风险涉及工程设计、施工质量、设备选型等方面，如设计缺陷、施工延期、技术设备故障等，可能影响项目建设进度和质量。环境风险则包括自然灾害、生态环境影响、环境污染等，可能对场馆运营和生态保护造成潜在影响。

针对不同类型的风险，制定相应的应对预案是保障项目顺利进行和风险可控的关键措施。经济风险的应对预案可以包括多元化筹资渠道、建立完善的资金管理机制、制定严格的预算控制措施等，以确保项目资金供给的稳定和有效管理。技术风险的应对预案则需要建立健全的技术监控和质量管理体系，包括定期技术检查、严格的施工验收标准、应急维修和替换计划等，以保障工程质量和进度的稳定。而针对环境风险，应建立完善的环境保护和应急响应机制，包括灾害风险评估、环境影响评估报告、环境监测和应急预案等，确保在自然灾害或其他突发事件发生时能够迅速有效地应对和减少损失。

风险管理还涉及合同管理、法律风险、管理风险等方面。在合同管理中，应建立合理的合同审查和执行机制，明确各方责任和权利，减少合同纠纷可能带来的影响。法律风险包括法律法规的遵从和合规性问题，应建立法律顾问和法律风险评估机制，避免因法律问题带来的诉讼风险和法律责任。管理风险则涉及项目管理和运营中的组织管理、人员管理、安全管理等方面，应建立科学的管理体系和制度，提升管理效能和响应能力。

二、现代体育场馆的预算管理

（一）建设预算

1. 详细成本估算

详细成本估算在现代体育场馆建设中至关重要，它不仅直接影响到项目的财务预算和资金筹备，还关乎建设过程中资源的合理配置和成本的控制管理。从土地成本到建筑材料、人工费用等各个方面，都需要进行详细的市场调研和专业评估，以确保建设预算的准确性和可行性。具体如下：

（1）土地成本是体育场馆建设的首要考虑因素之一。不同地区的土地市场价格差异较大，因此需要根据具体项目的位置和规模，进行综合分析和评估。首先确定土地的可行性和适用性，考虑到场馆的大小、周边环境和交通便利性等因素。通过与地方政府或房地产开发商的合作，获取土地成本的详细信息和相关政策支持，以便在预算中合理预留土地成本，并确保土地使用权的合法性和稳定性。

（2）建筑材料是影响体育场馆建设成本的重要因素之一。根据设计方案和建筑要求，选择合适的建筑材料至关重要。不同材料的价格和性能差异需要进行综合评估，确保在满足设计要求的前提下，选择经济实用和质量可靠的材料。例如，混凝土、玻璃和塑料等材料的选择和运用，直接影响到场馆的建筑成本和使用寿命。通过与供应商的合作和竞争性招标，获取市场最优价位和优惠条件，以有效控制建筑材料的采购成本。

（3）人工费用是体育场馆建设预算中不可忽视的重要组成部分。人工费用涵盖了设计师、工程师、建筑工人和其他专业人员的薪酬和相关福利支出。根据项目规模和复杂程度，制订详细的人力资源计划和薪酬标准，确保各个岗位的人力资源配备和工作效率。通过与劳务公司或建筑团队的合作，签订合理的劳动合同和薪酬协议，制订有效的工作计划和排班安排，保证施工过程中人工费用的合理控制和有效利用。

除了上述核心成本外，体育场馆建设预算还需考虑到其他可能的项目费用，如设计与审批费用、设备与工具租赁费用、保险费用、项目管理和监理费用等。这些项目费用虽然相对较少，但同样需要进行详细的预估和合理的预算安排，以确保整体建设过程的顺利进行和成本的有效控制。

在制定详细建设预算时，还需考虑到潜在的风险因素和应急预案。通过建立合理的风险管理策略和预算储备，应对可能的市场波动、物资价格上涨或工期延误等不可控因素，确保项目在任何情况下都能够保持财务稳定性和资金流动性。

2. 预算控制和监督

预算控制和监督在现代体育场馆管理中扮演着至关重要的角色，它不仅关乎项目资金的有效利用，还直接影响到体育场馆运营的经济效益和可持续发展。设立专门的预算管理团队，严格控制预算执行进度和监督资金使用情况，是确保体育场馆预算执行有效性的关键措施。预算计划不仅包括项目建设阶段的资金需求，还涵盖了日常运营、设备维护、人力资源、市场推广等多个方面的支出预算。在项目规划阶段，预算管理团队需要根据项目的具体需求和预期目标，制订详细的资金预算和使用计划。例如，针对体育场馆的建设项目，预算计划应包括土地购置、建筑设计、施工建设、设备采购及安装等各个环节的预算细目，确保资金分配合理、经济高效。

预算管理团队应建立起一套科学的预算执行监督体系，定期审查和分析预算执行情况，确保各项支出符合预算计划和资金分配原则。通过对预算执行进度的实时监控和分析，预算管理团队能够及时发现和解决资金使用中的问题和风险，防止资金浪费和超支情况的发生。

体育场馆作为公共设施，其资金来源通常涉及政府拨款、企业赞助、票务收入等多方面的资金来源。预算管理团队需要建立起严格的资金管理制度和会计核算体系，确保资金的合法合规使用。例如，对于政府拨款部分，预算管理团队需遵守政府相关财政支出管理规定，严格按照预算法规定和程序进行资金申请、审批和结算，确保资金使用的透明度和规范性。

在实际操作中，预算管理团队还应加强与财务部门和审计部门的沟通与协调，确保财务数据的真实性和准确性。定期进行预算执行情况的财务审计和核算，及时发现和纠正财务管理中存在的问题和风险，确保体育场馆的资金使用符合法律法规和财务管理要求。

现代预算管理软件和财务管理系统能够提供实时的财务数据监控和分析功能，帮助预算管理团队及时掌握预算执行情况和资金使用动态。通过数据分析，预算管理团队能够识别出资金使用中的潜在问题和改进空间，优化预算执行策略，提高预算使用效率和经济效益。

预算管理团队还应注重人力资源的培训和管理。预算控制需要具备专业的财务管理和预算编制能力的人才团队，他们不仅要掌握财务管理理论和实务，还需具备良好的沟通协调能力和团队合作精神。体育场馆可以通过定期培训和专业知识更新，提升预算管理团队的整体素质和能力水平，为预算控制的有效实施提供坚实的人力支持和保障。

3.应急预算调整

在项目管理的实施过程中，预留一定的应急预算显得尤为重要。项目的顺利进行往往面临各种不可预见的风险和挑战，如项目延期、需求变更、资源短缺或技术障碍等。这些突发情况可能对项目进度和成本造成不利影响，甚至引发项目的失败或不完全实现预期目标。有效的应急预算调整策略不仅有助于及时应对意外情况，还能保障项目在面对挑战时能够灵活应对，最大限度地确保项目的顺利进行和成功交付。

建立合理的应急预算调整机制是有效应对风险的基础。在项目启动阶段，项目管理团队应根据项目特性和风险评估结果，制定应急预算的预留标准和比例。通常情况下，应急预算的预留比例应该根据项目的复杂程度和不确定性进行科学合理的设置。例如，在高风险项目中，可以适当提高应急预算的比例，以应对可能出现的更多不可预见的风险事件，确保项目的安全运行和顺利实施。

应急预算的调整应考虑到项目运行过程中可能出现的具体风险和问题。在项目执行过程中，管理团队需要定期进行风险评估和监控，及时发现潜在风险和问题，并根据实际情况调整应急预算的使用方式和额度。例如，当项目遭遇突发的技术障碍或供应链中断时，管理团队可以通过调整资金使用优先级或增加特定问题的应急支出来应对危机，确保项目进度和成本控制在合理范围内。

应急预算的调整还应与项目变更管理过程紧密结合。项目在执行过程中，需求和范围可能会因外部环境变化或利益相关者需求变更而发生调整。这时，项目管理团队需要通过评估变更的影响和风险，合理地调整应急预算以支持变更的实施和管理。例如，当项目范围扩大或需求变更时，管理团队可以通过重新分配预算资源或增加特定领域的应急支出来确保变更过程的顺利实施，避免因变更而导致的不必要的风险和成本增加。

（二）风险预算

1. 风险应对预算

在竞争激烈和不确定性高的市场环境中，各类风险如经济波动、技术失败以及市场变化可能对企业的运营和财务造成重大影响。通过设立专项的风险预算，企业能够有针对性地应对可能发生的风险事件，减少其对业务的负面影响，确保项目或组织能够持续稳健地运营。

第一，设立专项的风险预算需要从风险管理的角度全面考虑可能面临的各类风险。经济风险可能涉及市场需求的变化、货币汇率波动或经济衰退等因素。技术风险可能包括技术实施的失败、信息安全漏洞或关键设备的故障等。市场风险则涉及竞争加剧、供应链中断或政策法规变化等方面。通过对这些风险因素的深入分析和评估，企业可以确定哪些风险事件可能对其造成重大影响，并据此设立相应的预算以应对可能发生的风险事件。

第二，有效的风险应对预算需要明确的预算分配和使用策略。这包括确定风险应对预算的规模和范围，以及具体的应对措施和应急计划。例如，可以将预算分配给不同类型的风险，优先考虑那些可能性和影响性较大的风险事件。同时，建立灵活的应对机制和紧急资金池，以便在风险事件发生时能够迅速做出反应并采取有效的措施，减少损失和恢复成本。

第三，风险应对预算的制定和执行需要与整体业务战略和财务规划紧密结合。企业应确保风险预算的设立不会影响到正常的业务运营和长期发展规划，同时要保证其与财务资源的有效利用相协调。这要求企业在制定预算时，考虑到风险管理的长远效益和成本效益，不仅要解决当前的风险挑战，还要为未来的发展和扩展留出空间和资源。

第四，定期的风险评估和监控也是有效风险应对预算的重要组成部分。通过建立定期的风险评估机制，可以及时发现和识别新出现的风险因素，并对现有的风险事件进行跟踪和监控。这种持续的风险管理和控制措施，能够帮助企业在变化多端的市场环境中保持敏捷和稳健，确保风险应对预算的有效执行和持续优化。

2. 保险和保障措施

保险和保障措施在现代体育场馆的建设和运营管理中扮演着至关重要的角色，它们不仅仅是为了应对意外风险和损失，更是保障场馆正常运营和利益保全的重要手段。通过购买必要的保险产品，如财产保险和责任保险，体育场馆能够有效地提供经济补偿和法律保障，降低风险预算的风险，保障其在面对各类意外事件和法律诉讼时的安全性和稳定性。

第一，财产保险是体育场馆建设和运营过程中必不可少的保障措施之一。体育场馆作为大型建筑项目，投入了大量的资金和资源，涉及建筑结构、设备设施、室内装修等多个方面的财产。面对火灾、水灾、自然灾害或意外事故可能带来的财产损失，财产保险能够为场馆提供全面的保障。这包括对建筑主体和附属设施的损失进行赔偿，确保在意外事件发生时，场馆能够快速恢复重建，避免造成经济上的重大损失和停业风险。

第二，责任保险在体育场馆的保险体系中同样具有重要地位。体育场馆作为一个公共场所，每天吸引大量的观众和运动员前来参与比赛和活动，其管理和运营涉及广泛的责任范围。责任保险主要涵盖了第三方责任险和雇主责任险两大类。第三方责任险可以保障在场馆使用过程中可能给他人带来的人身伤害或财产损失，如观众在观看比赛时因设施问题导致的意外受伤；而雇主责任险则主要保护员工在工作过程中可能遭受的伤害或疾病，确保员工能够获得合法的赔偿和医疗保障。通过购买责任保险，体育场馆不仅能够有效地分担和管理潜在的法律风险，还能够提升场馆的公信力和社会形象，增强用户和合作伙伴的信任感。

另外，除了财产保险和责任保险外，体育场馆在保险和保障措施上还应考虑到其他方面的风险管理需求。例如，运动员和工作人员的人身意外保险，专门针对运动员在比赛和训练中可能遭受的意外伤害进行赔偿和医疗救助；场馆活动期间的公共责任保险，保障活动参与者和访客在场馆内外的安全；以及对特定事件或风险的定制化保险解决方案，如大型赛事的特别保险计划或重大项目的保险合作。

综合性的风险管理和保险策略也需要考虑到场馆在法律纠纷和紧急事件处理中的保护措施。建立完善的风险评估机制和应急预案，培训相关人员掌握应对危机的技能和知识，可以有效地降低意外事件对场馆运营和声誉的不利影响。与专业的保险机构建立长期合作关系，定期评估保险策略的有效性和适应性，及时调整保险保障范围和保费支付方式，是体育场馆稳健运营的重要保证之一。

第三节 施工质量监控

一、现代体育场馆质量控制措施

（一）材料与设备检查

在建筑工程中，施工材料的质量直接影响到工程的安全性、持久性和整体质量。在施工材料进入施工现场之前，进行严格的质量检验和验证是至关重要的步骤。这一过程不仅仅是为了确保材料符合设计要求和质量标准，还涉及对材料性能的全面评估，如混凝土的强度和耐久性，钢材的韧性和抗拉强度等方面。下面将详细探讨材料与设备检查在建筑工程中的重要性及其实施方法。

材料的质量检验不仅仅是一项程序性工作，更是保障工程质量的关键环节。例如，对于混凝土这样的基础材料，必须严格按照设计要求进行抗压强度、抗渗性能以及配合比例等多个方面的检测。一旦混凝土的强度或抗渗性能不符合要求，可能导致工程的安全隐患或者日后的使用问题，因此在进场前的检验显得尤为重要。

对于钢材等结构材料的检验也同样不可忽视。钢材作为支撑结构的重要组成部分，其质量直接关系到整个建筑物的稳定性和承受能力。在检验过程中，除了常规的物理性能检测外，还应重点关注其表面处理质量、防锈性能及连接件的质量等细节，以确保其在使用过程中不会出现腐蚀或断裂等安全隐患。

施工材料的选择和采购也是影响质量检验的重要因素之一。在选择供应商和生产厂家时，应充分考虑其生产工艺、质量管理体系以及历史质量记录等因素，确保材料的稳定供应和质量可控。在进入施工现场前，还应进行供货商的资质审查和产品样品检验，以降低不合格材料进场的风险。

现代建筑工程中还涉及许多新材料和高新技术设备，如节能环保材料、智能建筑系统等，对这些材料和设备的检验要求更加严格。这些新材料的使用不仅要求施工方具备先进的检测设备和技术手段，还需要与供应商和技术服务商密切合作，确保其技术参数和使用性能符合设计要求和建筑标准。

（二）质量监督机制

质量监督机制在体育场馆建设和运营中具有关键性的作用，它不仅是确保工程质量和安全的重要手段，也是场馆长期稳健运行的重要保障。通过建立有效的质量监督机制，如设立质量监督小组，并对施工过程中的每一道工序进行严格的质量检查和监督，体育场馆能够及时发现和解决问题，确保工程质量达标，最大限度地减少质量隐患和安全风险。质量监督小组的主要职责包括但不限于制定详细的质量监督制度和标准操作规程，根据施工图纸和设计要求，对材料的选择、施工工艺、工程进度等进行全面监控和把关。通过实施严格的质量检查和监督，可以有效发现施工中可能存在的质量问题和隐患，及时采取纠正措施，确保施工质量符合设计要求和标准。

在土建施工阶段，质量监督小组需要对基础工程、建筑结构和外立面等进行详细检查，确保各项工程质量和安全性。在设备安装阶段，需要重点关注设备选择与安装、电气接线和机械调试等环节，保证设备运行的稳定性和安全性。对于建筑材料的采购和使用，质量监督小组需要严格把关，确保材料符合国家标准和设计要求，避免因材料质量问题导致的工程质量缺陷。

质量管理体系包括但不限于建立质量档案、记录施工过程中的关键节点和质量检查结果、定期召开质量管理会议等措施,以便及时总结经验、发现问题并提出改进措施。信息反馈机制则是保证质量监督小组及时获取施工现场信息和问题反馈的重要途径,可以通过现场巡查、工程日志、检测报告等方式收集数据,及时分析和处理,避免质量问题的扩大和后果的加重。

建立定期检查和抽查制度,加大对关键工序和重点区域的监督力度,对施工中可能存在的风险点和难点进行重点关注和强化管理。同时,加强与施工单位和监理单位的沟通与协调,形成工作合力,共同致力于确保工程质量和安全,最大限度地降低事故和损失发生的可能性。

(三)施工记录管理

施工记录管理在现代建筑工程中扮演着至关重要的角色,它不仅仅是对每一道工序的施工过程进行详细记录,更是确保工程质量、安全和效率的关键手段之一。通过详细记录每个工序的施工过程、施工人员、施工时间和使用材料等信息,施工记录管理不仅可以提供质量追溯的依据,还能够为工程管理和监督提供实时数据支持,从而有效地优化施工流程和提升工程执行的整体水平。

在建筑施工过程中,每一个工序的执行都直接影响到整体工程的质量和安全性。通过记录施工人员的姓名、资质和相关证书,施工时间的具体安排,以及使用的材料和设备信息,能够有效地监控和控制施工质量的关键参数。例如,在混凝土浇筑过程中,记录混凝土的配比、搅拌时间和浇筑厚度等关键参数,有助于及时发现和解决施工中可能存在的质量问题,确保混凝土的强度和耐久性符合设计要求。

建筑施工是一个复杂的过程，涉及多种施工工艺和设备操作，存在着一定的安全风险。通过详细记录每个工序的施工过程和操作步骤，可以帮助施工管理人员和安全监督人员实时监控施工现场的安全状况，及时发现和处理潜在的安全隐患。例如，在高空作业和设备安装过程中，记录施工人员的安全操作规程和使用安全设备的情况，能够有效预防和减少意外事故的发生，保障施工人员的人身安全和生命健康。

在大型建筑项目中，施工进度和质量的管理需要有科学的数据支持和实时的施工进展情况反馈。通过建立完善的施工记录管理系统，可以实现施工进度的精准监控和调度，及时发现和解决施工中存在的问题和难点，确保工程按时按质完成。例如，通过记录每个工序的实际完成时间和工作量，能够帮助项目管理人员及时调整施工计划，合理配置资源，优化施工流程，提升工程的整体效率和竞争力。

建筑工程的生命周期包括建设、运营和维护阶段，而施工记录则是连接各个阶段的桥梁和纽带。通过准确记录施工过程中使用的材料品牌、规格和供应商信息，以及施工工艺和操作技术的细节，能够为日后的工程维护和设施管理提供可靠的参考依据。例如，在设备维护和更新时，能够根据施工记录中的设备使用情况和操作历史，制订科学的维护计划和更新策略，延长设备的使用寿命，降低后期维护成本，保障工程的长期可持续发展。

二、现代体育场馆监控与检测技术

（一）现代化监控系统

现代化监控系统的核心组成部分是高清监控摄像头。这些摄像头安装在体育场馆建设的关键施工区域，覆盖面广，能够全天候、多角度地监控施工现场的实时情况。通过高清晰度的视频图像，监控人员可以清晰地观察到每一个细节和工作进程，及时发现可能存在的施工难题或安全隐患，以便及时采取相应措施，保障施工的安全和顺利进行。

监控摄像头通过网络或专用的监控平台将实时视频传输至监控中心或相关管理人员的电脑或移动设备上，使他们能够远程随时随地地监控施工现场的情况。这种即时反馈机制，使管理团队能够快速响应施工现场的各种情况变化，及时调整施工进度和资源配置，有效避免因不可预见的问题导致的延误或成本增加，确保整体项目的顺利进行。

除了实时监控外，监控系统还能够录制和存储施工过程中的视频数据，形成详尽的施工记录和资料档案。这些数据不仅为施工完成后的验收和整改提供了重要依据，还能够作为未来类似项目的经验积累和教训总结。通过对历史施工数据的分析，可以发现施工过程中的优势和不足，为提高今后项目管理的水平和效率提供有益参考。

在施工现场，安全事故是一个常见且严重的问题，通过监控系统的实时监视和视频回放等功能，能够帮助监管人员及时发现和预防安全隐患，保障施工人员和设备的安全。同时，监控系统还可以用于监督和管理施工现场的人员进出情况，有效防止未经授权的人员或设备进入施工区域，维护施工现场的安全秩序和工作效率。

（二）定期质量评估

定期质量评估在体育场馆建设和运营管理中具有重要的作用，它不仅关乎到项目的施工质量和工程进度，还直接影响到体育场馆的安全性、耐久性和用户体验。通过对施工进度和质量的定期评估，体育场馆能够及时发现和解决施工中存在的问题，确保各个阶段的施工质量符合设计要求和技术标准，从而保障项目的顺利进行和最终的质量达标。

在项目规划阶段，建设单位和设计单位需要根据体育场馆的具体用途和功能要求，制订详细的工程设计方案和技术标准。定期质量评估的第一步是对设计方案进行全面审查和评估，确保设计方案符合建筑工程设计规范、安全标准和环保要求。例如，在体育场馆建设中，设计方案应考虑到场馆的功能分区、观众席设计、安全出口设置等方面，保证场馆能够有效满足各类体育赛事和活动的需求。

建设单位和施工单位需要建立起科学合理的施工进度管理和质量控制体系，通过现场检查、质量检测和监测等手段，对每个施工阶段的施工质量进行全面评估和监督。例如，在基础和结构施工阶段，需要对混凝土浇筑质量、钢结构安装工艺、防水处理等关键工程进行严格把关，确保工程结构的稳固性和安全性；在装修和设备安装阶段，则需要关注室内装饰、电气设备安装、消防设施配置等方面的施工质量，保证场馆的功能完善和使用安全。

一旦体育场馆竣工投入使用，建设单位和管理团队需要建立起完善的运营管理体系，定期对场馆设施设备的运行状态和使用效果进行评估。例如，定期检查体育场馆的照明系统、空调系统、电子显示屏等设备的运行情况，及时发现设备故障和问题，采取有效措施进行维修和调整，确保设施设备的长期稳定运行和服务效果。

利用信息化技术和智能监测系统，可以实现对施工质量和设施设备运行状态的实时监测和数据分析。通过数据采集和处理，能够及时发现施工过程中的质量问题和设备运行异常，提升问题处理的反应速度和准确性。例如，利用建筑信息模型技术，可以对建筑结构、设备布局和施工工艺进行全面模拟和仿真分析，帮助预测和避免施工过程中可能出现的设计偏差和工程质量问题。

施工监理团队和质量检测人员需要具备专业的技术知识和丰富的实践经验，能够独立进行施工质量检测和评估工作。体育场馆可以通过定期组织相关岗位的技术培训和专业知识更新，提升监理团队和检测人员的专业能力和质量管理水平，确保定期质量评估工作的科学性和准确性。

（三）第三方质量监督

引入第三方质量监督机构对施工质量进行独立评估和监督，是确保项目施工质量符合标准和规范的重要举措。在建筑和基础设施项目中，施工质量直接影响到工程的安全性、可靠性和使用寿命，而项目的业主和利益相关者通常难以完全独立监督和评估施工过程中的质量问题。引入独立的第三方质量监督机构，能够提供客观、专业的评估和监督，有效弥补项目管理中的监督漏洞，确保施工过程中的质量控制和合规性。

与项目管理团队或施工单位相比，第三方质量监督机构通常具备更为丰富和专业的技术知识和经验,能够独立、客观地对施工质量进行评估和监督。这些监督机构经常拥有由专业工程师和技术专家组成的团队,能够针对不同类型和复杂程度的工程项目,提供全面的质量评估服务。例如,在建筑工程中,第三方质量监督机构可以通过现场检查、材料测试和工程文件审核等手段,发现和评估可能存在的施工质量问题,及时提出改进措施和建议,确保工程符合设计要求和建筑标准。

在项目实施过程中,由于施工过程的复杂性和多方利益相关者的参与,项目管理团队和施工单位可能面临诸多压力和挑战,导致质量管理不完善或存在偏差。通过引入第三方质量监督机构,可以有效地减少内部利益冲突和潜在的质量问题,保障施工过程的公正性和合规性。例如,监督机构可以在每个关键施工阶段进行独立评估和报告,向业主和利益相关者提供透明的质量信息和建议,帮助项目管理团队及时发现和解决潜在问题,避免质量缺陷对工程进度和成本造成的不利影响。

监督机构通常会根据国家和行业的相关标准和规范,制定具体的监督方案和评估指标,确保评估过程的科学性和严谨性。通过与项目管理团队和施工单位的紧密合作,监督机构能够推动质量管理的持续改进和优化,促进施工质量的稳步提升。例如,监督机构可以在项目周期内定期开展质量培训和技术指导,帮助提升施工人员的质量意识和技术水平,从而减少因人为原因导致的质量问题,提高工程的整体质量水平和可持续性。

第四章　现代体育场馆运营模式

第一节　运营模式的类型与选择

一、现代体育场馆运营模式的类型

（一）直接运营模式

在体育场馆管理和运营的模式选择中，直接运营模式是一种由场馆自身管理团队全权负责运营和管理的方式。在这种模式下，场馆的所有权和经营权归属一致，管理团队直接承担各种运营风险和责任。与委托第三方管理或合作经营模式相比，直接运营模式能够更加灵活地根据市场需求和内部资源调整运营策略和服务内容，以达到最优的经营效果和客户满意度。

由于管理团队直接负责场馆的日常运营和管理工作，他们通常拥有深入了解场馆特性和客户需求的优势。在体育馆的运营中，内部管理团队可以根据场馆设施的特点和周边市场环境，灵活调整开放时间、活动安排和票务政策，以最大化场馆资源的利用率和经济效益。这种基于内部专业知识和经验的决策和调整能力，有助于场馆在竞争激烈的市场中保持灵活性和竞争优势。

管理团队直接承担经营风险和责任，因此在资金使用和成本控制方面更加谨慎和高效。例如，在预算安排和费用支出上，管理团队可以根据实际运营需求和市场变化进行灵活调整，避免因委托第三方或合作伙伴的管理费用而增加不必要的开支。直接运营模式还能够通过内部人员的培训和技能提升，进一步提升服务质量和客户体验，从而增强场馆在市场中的品牌影响力和声誉。

管理团队可以通过直接与用户互动和市场调研，快速获取客户需求和市场趋势的信息，及时调整运营策略和服务内容。例如，体育场馆可以根据不同季节或重大赛事的举办情况，调整场地租赁政策或推出针对性的会员服务计划，以吸引更多用户并提升收入。这种市场敏感性和灵活响应能力，使得直接运营的场馆能够更好地适应市场变化和竞争环境，保持持续发展的动力和竞争优势。

（二）特许经营模式

特许经营模式作为现代商业运营的一种重要形式，已经在全球范围内得到广泛应用。场馆所有者通过授权第三方企业或个人进行经营管理，能够有效拓展市场、提升品牌影响力，同时也能分担运营风险。实施统一的品牌标准和运营流程，是确保特许经营模式成功的重要前提。

特许经营模式有助于实现品牌的快速扩张。场馆所有者通过授权第三方，可以迅速在不同地区复制成功的商业模式，而无须亲自投入大量的资金和人力资源。这种模式不仅能够节省成本，还能在较短时间内占领市场份额。例如，麦当劳、星巴克等全球知名品牌，正是通过特许经营模式迅速扩展到世界各地，建立了庞大的商业帝国。

统一的品牌标准和运营流程是特许经营模式成功的关键。通过制定严格的品牌标准和运营流程，场馆所有者能够确保各地的特许经营店在服务质量、产品标准、顾客体验等方面保持一致。这不仅有助于提升品牌形象，还能增强顾客的信任度和忠诚度。

特许经营模式还可以有效分担运营风险。在传统的直营模式中，场馆所有者需要独自承担全部的经营风险和市场波动。而在特许经营模式下，特许经营者作为独立的经营主体，将与场馆所有者共同承担经营风险。这种风险分担机制不仅降低了场馆所有者的风险压力，还能激励特许经营者更加努力地经营店铺，以获取更高的收益。以餐饮行业为例，许多餐饮品牌通过特许经营模式，不仅分担了市场风险，还激发了特许经营者的创业热情，促进了品牌的发展壮大。

特许经营模式也面临一些挑战和问题。特许经营者的管理水平和经营能力参差不齐，可能导致部分特许经营店的运营效果不佳，影响整体品牌形象。为解决这一问题，场馆所有者应加强对特许经营者的培训和监督，确保其能够按照统一的品牌标准和运营流程进行管理。市场环境的变化和竞争的加剧，也可能对特许经营模式带来不利影响。为应对这些挑战，场馆所有者和特许经营者需要密切合作，共同制定灵活的经营策略，及时调整市场营销方案，以应对市场变化和竞争压力。

特许经营模式在实施过程中需要注意法律和合同方面的问题。特许经营合同是特许经营模式的基础，明确规定了双方的权利和义务，确保合作关系的稳定和持续发展。场馆所有者和特许经营者在签订特许经营合同时，应仔细审查合同条款，确保其合法合规，避免因合同纠纷而影响经营活动。

二、现代体育场馆运营模式的选择

（一）场馆特性和定位

不同规模的场馆在运营中需要考虑的要素有所不同。小型场馆由于面积有限，通常无法容纳大量观众和复杂的设施，因此其运营模式应侧重于社区活动、健身培训等小规模、低成本的项目。这类场馆可以通过会员制和课程收费来获得收入，同时还可以开展一些针对特定人群的特色活动，如老年人健身班、儿童体能训练营等，以提高场馆的使用率和收益。

中型场馆则具有较大的灵活性，可以提供更多种类的活动和设施，如篮球场、游泳池、健身房等。在运营模式上，中型场馆可以考虑多元化经营，通过举办体育比赛、企业团队建设活动、健身课程等多种方式来吸引不同的客户群体。同时，中型场馆还可以通过与学校、企业等机构合作，提供场地租赁和定制服务，从而获得稳定的收入来源。

大型场馆则具备更为丰富的资源和设施，可以承办各类大型体育赛事、音乐会和展览等活动。在运营模式上，大型场馆需要更加注重品牌建设和市场推广，通过提升场馆的知名度和吸引力来吸引更多的观众和赞助商。大型场馆还可以通过开发周边商业区，如餐饮、购物和娱乐设施等，提供一站式的服务体验，进一步提高场馆的收入和影响力。

在确定场馆的运营模式时，分析目标市场的需求是至关重要的一环。不同的目标市场对场馆的需求各不相同，场馆运营者需要深入了解目标市场的特点和偏好，以便制定出符合市场需求的运营策略。例如，若目标市场主要是年轻人群体,则场馆应注重引进时尚、新颖的运动项目和娱乐设施,如蹦床公园、攀岩墙等,满足年轻人追求刺激和新鲜感的需求。另外,如果目标市场以家庭为主,则场馆应侧重于提供适合全家人参与的活动和设施,如家庭游泳池、亲子运动课程等。还可以在场馆内设立儿童乐园和休息区,提供安全、舒适的环境,方便家长带孩子一同前来。

在选择运营模式时,分析竞争环境同样不可忽视。了解周边同类型场馆的数量、规模、服务内容和收费标准,有助于场馆在市场竞争中找到自己的优势和差异化定位。例如,如果周边已有多家综合性体育场馆,且服务内容相似,则新建场馆可以考虑采取差异化策略,专注于某一特定项目或人群,如高端健身俱乐部、专业瑜伽中心等,从而避免与现有场馆直接竞争。还可以通过提升服务质量和用户体验,树立场馆的良好口碑,吸引更多的客户。例如,提供专业的教练团队、先进的设施设备、舒适的环境和优质的客户服务等,都是提升场馆竞争力的重要手段。

在选择运营模式时,场馆还应考虑长远的发展目标和市场变化趋势。随着社会经济的发展和人们生活水平的提高,体育健身行业也在不断变化和升级。场馆运营者需要密切关注市场动态,及时调整运营策略,以应对未来的挑战和机遇。例如,近年来,随着健康意识的增强,越来越多的人开始重视体育锻炼和健康管理,这为体育场馆的发展提供了广阔的市场空间。场馆可以考虑引进智能健身设备和健康管理系统,提供个性化的健身方案和健康咨询服务,满足人们对健康管理的需求。

随着互联网和科技的发展,线上线下相结合的运营模式也逐渐兴起。场馆可以利用互联网平台开展线上预订、课程直播、健身打卡等服务,方便用户随时随地进行健身和锻炼，提高场馆的使用率和客户满意度。

基于以上分析，场馆运营者需要综合考虑场馆的大小、设施配备、目标市场需求、竞争环境、未来发展目标和市场变化趋势，选择最适合的运营模式。在实际运营中，还需要不断进行优化和调整，根据市场反馈和运营数据，及时发现问题并采取相应的改进措施，以提升场馆的运营效益和客户满意度。例如，可以定期开展客户满意度调查，了解客户的需求和意见，并根据调查结果进行改进。同时，还可以通过数据分析，了解场馆的使用情况和客户偏好，优化课程设置和活动安排，提高场馆的运营效率和收益。

创新是场馆运营中不可或缺的重要因素。在竞争激烈的市场环境中，场馆运营者需要不断引进新的项目和服务，提升场馆的吸引力和竞争力。例如，可以定期举办特色活动和赛事，如健身挑战赛、亲子运动会等，吸引更多的客户参与和关注。品牌建设也是场馆运营中重要的一环。通过树立良好的品牌形象，提升场馆的知名度和美誉度，可以吸引更多的客户和合作伙伴。例如，可以通过社交媒体、广告宣传和公关活动等方式，推广场馆的特色和优势，提高场馆的市场影响力和竞争力。

（二）经济效益和投资回报

需要深入分析各种收入来源及其潜在效果。门票销售作为一项主要收入来源，直接受到观众吸引力和市场定价策略的影响。通过市场调研和竞争分析，可以确定合适的票价水平，以最大化收入并吸引更多观众参与活动。

在赞助商支持方面，寻求合适的企业赞助合作是增加收入的重要途径。赞助商通常通过在活动现场展示品牌、提供资金或产品支持等方式参与，建立良好的赞助商关系并提供有吸引力的回报措施至关重要。这包括品牌曝光、市场推广机会和目标受众的直接接触，从而确保赞助商在投资中获得可衡量的回报。

活动承办及相关服务的收入也是维持运营模式的重要组成部分。通过有效管理和优化资源利用，降低运营成本并提高服务质量，可以增强活动的竞争力和可持续性。风险管理策略在这一过程中尤为关键，包括但不限于制定灵活的预算控制措施、建立应急响应机制以及规避潜在的法律及安全风险。

通过细致的市场分析和有效的风险管理策略，可以帮助确定最具潜力的运营模式，实现可持续的经济效益和稳定的投资回报。这种综合考量不仅有助于吸引更多的参与者和赞助商，还能够在竞争激烈的市场环境中保持场馆的可持续性发展。

第二节 收入来源与财务管理

一、现代体育场馆的收入来源

（一）门票销售

1. 赛事门票销售

体育赛事的举办不仅是为运动员提供展示自我、追求荣誉的平台，也是吸引观众、增强社区凝聚力的重要途径。门票销售作为赛事收入的重要组成部分，其销售策略和执行对于赛事的成功至关重要。在现代社会，体育赛事不仅仅是竞技场上的较量，更是文化和经济的重要组成部分。赛事门票的销售策略也因此需要综合考虑市场需求、观众心理以及多样化的营销手段。

制定科学合理的票价策略是提升门票销售的关键之一。不同的体育赛事具有不同的市场定位和观众群体，因此票价的制定需要根据赛事的性质、观众的消费能力以及市场竞争情况进行调整。对于高水平的国际赛事，可以采取高票价策略，突出赛事的稀缺性和高价值；而对于本地的社区赛事，则可以采取亲民的票价策略，吸引更多的家庭观众和青少年群体。同时，针对不同座位区域和观赛体验，实施差异化定价策略，可以满足不同层次观众的需求，提高整体票房收入。

赛事门票的销售渠道和方式也是影响门票销售的重要因素。传统的线下售票渠道虽然依然存在，但随着互联网和移动支付的普及，线上售票渠道正变得越来越重要。通过官方网站、手机应用、第三方票务平台等多渠道销售，不仅可以方便观众购票，还可以通过大数据分析了解观众的购票习惯和偏好，从而优化售票策略。利用社交媒体平台进行赛事宣传和互动，也可以有效地提升门票销售量。如通过微博、微信、抖音等平台发布赛事信息、明星选手动态，以及组织线上活动，吸引更多的潜在观众，增加购票意愿。

在提升观赛体验方面，赛事组织者需要不断创新和改进。现代观众不仅关注赛事本身的精彩程度，还非常重视观赛过程中的舒适度和便利性。赛事场馆的设施和服务需要不断升级，包括座椅舒适度、餐饮服务、卫生条件以及无障碍设施等。通过引入虚拟现实技术、增强现实技术，以及实时数据分析等手段，为观众提供更为丰富的观赛体验。例如，观众可以通过手机应用实时查看比赛数据、选手信息，以及比赛的多角度回放，增加观赛的互动性和趣味性。

在营销策略方面，赛事组织者可以通过多样化的营销手段吸引更多观众购票。明星效应是非常有效的手段之一。邀请知名运动员、明星参与赛事，不仅可以提升赛事的关注度，还可以吸引他们的粉丝群体购票观赛。通过举办赛前发布会、赛后见面会、签名活动等方式，增加观众与明星选手的互动机会，提高观众的参与感和满意度。利用节假日和特殊事件等进行营销也是一种有效的手段。如在重大节日、学校假期等时段推出优惠票价、家庭套票等活动，可以吸引更多的家庭和青少年观众。同时，通过与当地企业、商家合作，推出联名优惠活动，也可以扩大赛事的影响力和门票收入。

为了保障门票销售的稳定和持续增长，赛事组织者还需要关注观众的忠诚度和满意度。通过建立会员制度、积分奖励计划，以及定期的观众满意度调查，可以了解观众的需求和反馈，从而不断优化赛事组织和服务。针对老观众，可以推出续订优惠、VIP 专属服务等措施，提高观众的忠诚度和复购率。对于新观众，则可以通过免费赠票、体验活动等方式，吸引他们尝试购票观赛，从而逐步培养新的观众群体。

赛事门票的销售不仅仅是单纯的经济收益，更是赛事品牌建设和社区文化建设的重要组成部分。通过成功的赛事运营和门票销售，赛事组织者可以提升赛事品牌的知名度和美誉度，吸引更多的赞助商和合作伙伴，进一步推动赛事的发展。同时，体育赛事作为社区文化的重要活动之一，可以增强社区的凝聚力和归属感，促进社区居民的交流和互动。

2.非体育类活动门票销售

演唱会门票是非体育类活动门票销售中的一种重要形式。无论是流行音乐、古典音乐还是其他类型的音乐会，都能吸引不同年龄层次和兴趣爱好的观众。演唱会不仅仅是音乐的盛宴，更是视听的享受，通过灯光、音响和舞台效果的配合，给观众带来全方位的体验。知名歌手和乐队的参与往往能吸引大批粉丝，进一步推动门票销售。演唱会的成功举办不仅能带来直接的门票收入，还能通过周边产品的销售、赞助和广告等方式增加收入。

展览也是一种重要的非体育类活动。无论是艺术展、科技展还是文化展，都能吸引大量观众参观。展览不仅是展示和推广各种艺术品、科技产品和文化的机会，也是观众学习和欣赏的场所。通过精心策划和布置，展览能够为观众提供丰富的视觉和文化体验，吸引他们前来参观。展览的门票收入同样可以通过周边产品、纪念品和展览相关的活动进一步增加。

在策划和举办这些非体育类活动时，活动的主题和内容至关重要。只有选择合适的主题和内容，才能吸引更多的观众参与。例如，举办一场热门歌手的演唱会或一个备受关注的艺术展，往往能在短时间内吸引大量观众购票。活动的时间和地点也需要精心选择，以便最大限度地方便观众参与，提高门票销售的可能性。

营销策略也是增加非体育类活动门票销售的重要环节。通过多种渠道的宣传，如社交媒体、电视广告、报纸杂志等，可以提高活动的知名度和影响力。针对不同观众群体采取差异化的营销策略，如通过折扣、优惠券和团购等方式，吸引更多观众购票。与相关企业和机构合作，通过联合推广和赞助等方式，进一步扩大活动的影响力和门票销售量。

活动的组织和管理也是成功举办非体育类活动的重要保障。从活动的策划、宣传到现场的组织和管理，每一个环节都需要精心安排和执行。良好的组织和管理不仅能保证活动的顺利进行，还能提升观众的体验和满意度，增加他们的参与意愿和购票意愿。例如，通过提供便捷的购票渠道、完善的现场服务和优质的观演环境，可以提升观众的购票体验和满意度，进而增加门票销售收入。

除了直接的门票收入，非体育类活动还可以带来其他经济效益。例如，通过活动吸引大量观众，可以带动周边餐饮、住宿和交通等相关产业的发展，创造更多的就业机会和经济收入。通过活动的举办，可以提升城市的知名度和影响力，吸引更多的游客和投资者，促进当地经济的发展。

为了进一步增加非体育类活动的门票销售收入，可以采取多种创新手段。例如，利用现代科技手段，通过线上线下相结合的方式，提供便捷的购票服务和丰富的观演体验。通过虚拟现实技术和增强现实技术等，提供更加沉浸式的观演体验，吸引更多观众参与。通过数据分析和用户反馈，了解观众的需求和喜好，制定更有针对性的活动策划和营销策略。

3.VIP 和包厢服务

VIP 和包厢服务在现代体育赛事中扮演着至关重要的角色。通过提供高端观赛体验，这些服务不仅满足了高端客户的需求，还极大地提升了赛事的整体吸引力和门票收入。高端客户在选择观赛体验时，通常不仅仅关注比赛的精彩程度，还注重整个观赛过程中的舒适度和服务质量。为 VIP 客户提供的座位和包厢服务正是为了满足这些高端客户的需求而设计的。

VIP 座位和包厢服务提供了独特的观赛视角和更舒适的环境。与普通观众席相比，VIP 座位和包厢通常位于体育场或场馆的最佳位置，可以提供无障碍的观赛视野，使观众能够更清楚地观看比赛的每一个细节。同时，VIP 座位和包厢内部设施豪华，配备了舒适的座椅、独立的休息区以及专属的餐饮服务。这些细节不仅提升了观赛体验的质量，还增强了客户的整体满意度。

VIP 和包厢服务能够为高端客户提供专属的服务和尊贵的待遇。例如，赛事主办方可以为 VIP 客户提供私人停车位、专用通道以及个性化的接待服务。这些专属待遇使 VIP 客户在进入场馆和离开场馆时更加便捷和舒适，避免了与普通观众拥挤排队的烦恼。同时，VIP 客户还可以享受到专门设计的赛事纪念品、独家见面会和其他独特的体验，这些都进一步增强了他们的观赛乐趣和满意度。

VIP 和包厢服务还可以成为企业招待和社交的重要场所。许多企业会选择在体育赛事期间租用 VIP 包厢，以此来招待重要客户或进行商业洽谈。包厢内的私密环境和高端设施为企业提供了一个理想的社交场所，使客户能够在轻松愉快的氛围中进行商务交流和合作。通过提供这样的高端服务，赛事主办方不仅能够吸引到更多的企业客户，还能在一定程度上提升赛事的品牌形象和商业价值。

从经济效益的角度来看，VIP和包厢服务对赛事主办方的收入增长有着显著的促进作用。由于VIP座位和包厢的票价通常远高于普通座位，因此即使在观众人数有限的情况下，也能够实现较高的收入。VIP和包厢服务还能够吸引到更多的赞助商和合作伙伴。高端客户的集聚和优质的观赛体验，使赛事成为企业品牌宣传和市场推广的理想平台。赛事主办方可以通过出售VIP和包厢座位，以及提供相关的增值服务，获得更多的经济回报。

此外，VIP和包厢服务的高质量体验还能够增加客户的忠诚度和复购率。高端客户在享受到卓越的观赛体验后，往往会对赛事和主办方产生高度的认同感和满意度。这种积极的体验不仅会促使他们在未来再次购买VIP或包厢座位，还会通过口碑传播吸引更多的新客户。VIP和包厢服务不仅在短期内增加了门票销售额，还为赛事的长期发展奠定了坚实的基础。

为了进一步提升VIP和包厢服务的吸引力，赛事主办方可以采取多种策略。可以与知名品牌合作，提供更加丰富和多样化的增值服务，如高端餐饮、定制礼品和独家体验活动。同时，还可以通过数字化手段，提供更加便捷和个性化的服务。例如，通过专属的手机应用程序，VIP客户可以随时预订座位、查看比赛信息、享受线上线下的综合服务等。这些创新的服务不仅提升了客户的满意度，还增强了赛事的整体吸引力。

（二）赞助与广告收入

1. 赛事赞助

体育赛事不仅是展示运动员风采和竞技水平的平台，更是企业和品牌展示自身形象和增强市场影响力的重要途径。通过赞助体育赛事，企业和品牌能够获得广泛的曝光机会，同时也能够与目标受众建立深厚的情感联系。吸引企业和品牌赞助体育赛事，不仅需要赛事本身的吸引力，更需要精心策划和有效的市场推广策略。

体育赛事的影响力和规模是吸引企业和品牌赞助的重要因素。一场具有国际影响力的大型赛事，如奥运会、世界杯等，其全球观众数以亿计，赞助商可以通过赛事直播、媒体报道等渠道，实现品牌的全球曝光。而在国内，一些具有广泛影响力的体育联赛，如中超联赛、中国男子篮球职业联赛等，也能够吸引大量观众和媒体关注，成为企业和品牌争相赞助的对象。

体育赛事的受众特征和赞助品牌的目标市场匹配度，也是决定赞助成功与否的关键因素。企业和品牌在选择赞助体育赛事时，会重点考虑赛事受众的年龄、性别、收入水平、兴趣爱好等特征，确保其与品牌的目标市场高度契合。例如，汽车品牌可能更倾向于赞助赛车比赛，而体育用品品牌则更愿意赞助篮球、足球等大众化体育赛事。

为了吸引企业和品牌的赞助，赛事组织方需要制订一套详尽的赞助方案，明确赞助商可以获得的权益和回报。这些权益包括但不限于赛事现场广告位、电视转播广告、社交媒体推广、赛事门票、选手服装广告等。通过提供多样化的广告展示渠道，赛事组织方可以帮助赞助商实现品牌的多角度曝光，最大限度地提升品牌知名度和美誉度。

在制订赞助方案时，赛事组织方还应注重与赞助商的深度合作，探索更多创新的合作模式。例如，可以与赞助商联合推出特别版产品或服务，举办线下推广活动，增强品牌与消费者之间的互动。同时，赛事组织方还可以利用大数据技术，帮助赞助商分析赛事受众的行为和偏好，为其制定更加精准的市场推广策略。

除了传统的广告展示和品牌推广，赛事组织方还可以通过策划公益活动、环保行动等方式，增强赛事的社会责任感和品牌的社会形象。企业和品牌越来越重视社会责任，通过赞助体育赛事参与公益活动，不仅能够提升品牌形象，还能赢得消费者的好感和信任。例如，在马拉松赛事中，组织方可以联合赞助商发起环保行动，倡导绿色出行、健康生活的理念，吸引更多环保企业和品牌的参与。

在现代信息技术的支持下，体育赛事的赞助方式也不断创新。通过社交媒体平台，赛事组织方可以与观众进行实时互动，扩大赛事影响力。例如，通过微博、微信等平台发布赛事动态，吸引粉丝关注和参与；通过直播平台进行赛事直播，提升观众的参与感和沉浸感；通过短视频平台发布赛事精彩瞬间，吸引年轻观众的关注。这些新兴的媒体平台，不仅为赛事带来了更多的观众和粉丝，也为赞助商提供了更多的品牌曝光机会。

赛事组织方还可以利用虚拟现实、增强现实等前沿技术，提升观众的观赛体验。例如，通过虚拟现实技术，观众可以身临其境地感受赛事现场的热烈氛围；通过增强现实技术，观众可以与虚拟的运动员互动，增强观赛的趣味性。这些新技术的应用，不仅能够吸引更多的观众和粉丝，也为赞助商提供了更多的创意广告展示方式。

在体育赛事赞助的过程中，赛事组织方还需要注重与赞助商的长期合作关系，建立互信共赢的合作模式。例如，通过定期的赞助商会议、反馈机制等，及时了解赞助商的需求和意见，不断优化赞助方案，提升合作满意度。同时，赛事组织方还可以与赞助商共同制订长期的品牌推广计划，帮助赞助商在赛事之外，继续保持品牌的曝光和影响力。

在吸引企业和品牌赞助体育赛事的过程中，赛事组织方还需要注重自身品牌形象的打造和提升。一个具有良好品牌形象和口碑的赛事，更容易获得企业和品牌的青睐和支持。为此，赛事组织方可以通过提高赛事的组织水平、提升赛事的竞技水平、增强赛事的文化内涵等方式，不断提升赛事的品牌价值和影响力。

2.场馆广告投放

在现代商业环境中，广告已经成为企业推广产品和服务的重要手段。场馆作为一个聚集大量人流的场所，其广告投放潜力巨大。在场馆内外设置广告位不仅能够有效提升品牌曝光度，还能为场馆本身带来可观的收入。通过出售广告空间，场馆能够获得一笔稳定的广告收入，从而在一定程度上缓解运营成本压力，提升经济效益。

第一，场馆内的广告投放具有高度的目标受众群体。场馆内的观众大多是前来观看比赛、演出或参与活动的，他们在场馆内停留的时间较长，广告能够得到充分的展示。例如，在篮球赛或音乐会的中场休息时，观众会四处走动或留在座位上,这时投放的广告更容易被注意到。通过在观众座椅附近、休息区、售卖区等位置设置广告位,可以充分利用观众的注意力,提升广告效果。

第二,场馆外的广告投放能够吸引更多的潜在观众。场馆外部通常是人流密集的区域,设置广告位不仅可以吸引路人的注意,还能吸引那些对场馆内活动感兴趣的潜在观众。例如,在场馆入口、停车场、步行道等位置设置广告牌,可以有效地覆盖广泛的人群,提高广告的曝光率。通过这种方式,企业能够将品牌信息传递给更多的潜在消费者,进而扩大市场影响力。

第三,场馆内外广告投放的形式多样,可以满足不同企业的需求。场馆内外的广告形式可以是传统的纸质广告牌、电子显示屏,也可以是创意性更强的互动广告。例如,通过设置互动广告屏幕,观众可以参与广告活动,增加互动体验,提升广告效果。还可以利用场馆内外的建筑结构进行立体广告展示,创造出视觉冲击力更强的广告效果。这些多样化的广告形式不仅能够吸引观众的注意,还能够满足企业的不同需求,提升广告的投放效果。

第四,场馆广告投放的管理和维护相对简单。场馆作为一个固定的物理场所,广告位的设置和管理相对简单,不需要频繁的调整和移动。通过合理规划广告位的位置和数量,可以有效地管理和维护广告的展示效果。场馆内外的广告位通常由专业的广告公司进行维护和管理,能够保证广告的展示质量和时效性。企业只需要支付相应的费用,就可以享受到专业的广告服务,减少了自身的管理成本。

第五,场馆广告投放能够带来良好的社会效益。场馆作为一个公共活动场所,其广告投放不仅能够带来经济效益,还能够为社会带来一定的公益效益。例如,通过在场馆内外投放公益广告,可以提升公众的社会责任感,促进社会的和谐发展。场馆广告还能够为一些中小企业提供推广平台，帮助它们提升品牌知名度和市场竞争力，促进地方经济的发展。

虽然场馆广告投放具有诸多优势，但也面临一些挑战。例如，广告的内容和形式需要符合场馆的整体形象和观众的审美需求，否则容易引起反感和投诉。广告的投放位置和数量需要合理规划，避免过度拥挤和重复投放，影响观众的观看体验。为了解决这些问题，场馆管理方需要与广告公司密切合作，制订合理的广告投放计划，确保广告的内容和形式符合观众的需求，提升广告的展示效果。

（三）租赁和场地使用收入

1. 场地租赁

（1）租赁场地可以有效满足社会各界的多样化需求。例如，社团可能需要场地来举办文化活动、艺术展览或社交聚会，而学校则可能希望利用场地进行学术讲座、体育比赛或学生活动。通过灵活的租赁策略，场馆可以根据不同组织的需求和时间表安排租赁活动，提供定制化的服务，从而增加场馆的社会效益和市场竞争力。

（2）场地租赁可以为场馆带来稳定的租金收入。与传统的单一运营模式相比，场地租赁能够通过多种租客间断性使用场地，有效降低运营风险。例如，一个大型体育馆可以将其空闲的篮球场地租给社区篮球俱乐部进行训练和比赛，将游泳池租给游泳学校进行教学活动，或者将多功能厅租给企业举办大型会议和展览活动。这些租赁活动不仅为场馆提供了额外的经济收益，还能够增加场馆的利用率和市场知名度。

（3）场地租赁可以扩展场馆的服务范围和市场覆盖面。通过与各种社团、学校和企业的合作，场馆可以建立起稳固的合作关系，并在不同领域建立品牌形象和业务影响力。例如，与本地学校合作举办青少年体育夏令营，不仅可以吸引更多年轻用户，还能够在家长群体中树立良好的品牌形象和口碑。这种长期合作关系有助于场馆建立起持久的市场影响力，并为未来的业务扩展奠定坚实基础。

2. 训练营和培训班

租赁场地举办体育训练营和培训班不仅仅是利用空闲资源增加收入的有效途径，更是促进体育健身普及化、提升社区健康水平的重要举措。随着人们健康意识的提升和对体育锻炼需求的增加，体育训练营和培训班在社区中的需求也日益增加。通过合理规划和创新管理，租赁场地举办体育训练营和培训班不仅可以满足社区居民的健身需求，还可以为场地所有者带来稳定的租金收入和额外的运营收益。

选择合适的场地是成功举办体育训练营和培训班的关键因素之一。场地的选择应考虑到其位置便利性、设施完善程度以及周边环境安全性等因素。例如，位于学校或社区中心附近的场地，可以方便学生和居民的参与，增加活动的可及性和吸引力。场地设施的完善也是吸引学生和家长的重要因素，包括足够的场地空间、先进的训练设备，以及舒适的休息和更衣区域等。通过提供高质量的训练环境和设施，可以增强活动的吸引力和竞争力，吸引更多学生和家庭选择参与体育训练营和培训班。

设计多样化的课程内容和活动项目是提升体育训练营和培训班吸引力的重

要策略之一。针对不同年龄段和健身水平的学生，可以设计专业的体育课程和训练计划，包括足球、篮球、网球等多种体育项目，满足学生的个性化需求。还可以结合健康管理、营养指导等课程内容，提供全方位的健康教育和指导，帮助学生全面提升体育水平和健康意识。通过举办专题讲座、座谈会以及与专业教练的交流互动，不仅可以提升学生的技能和能力，还可以增强他们的参与感和满意度，进一步促进活动的持续发展。

除了课程内容的设计，有效的营销和推广也是吸引学生和社区参与的关键。通过利用社交媒体平台、学校通讯、社区广告牌等多种渠道进行宣传，可以扩大活动的知名度和影响力。利用学校、社区活动和体育赛事等场合，开展宣传推广活动，展示体育训练营和培训班的特色和优势，吸引更多学生和家长的关注和参与。同时，开展免费试训课程、家庭优惠活动等促销活动，为潜在学员提供参与的机会和动力，增加他们的购买决策。

在运营管理方面，建立有效的管理团队和运营体系至关重要。包括招聘专业的教练和辅导员团队，确保教学质量和服务水平；建立健全的报名注册和课程安排系统，方便学生和家长了解课程信息和报名流程；制定安全管理和应急预案，保障参与者的安全和健康。通过引入现代化的管理技术和信息系统，如互联网平台、移动应用等，实现课程管理、学员跟踪和家长沟通的便捷化与透明化，提升运营效率和服务质量。

持续的评估和改进是保持体育训练营和培训班竞争力和长期发展的关键。定期进行学员满意度调查和反馈收集，了解他们的需求和意见，及时调整课程设置和服务内容；关注市场和行业的发展动态，不断更新课程内容和教学方法，提升教练团队的专业水平和服务能力。同时，积极参与体育教育相关的行业交流和活动，与同行业的优秀机构进行经验分享和合作，共同推动体育训练营和培训班的发展和创新。

二、现代体育场馆的财务管理

（一）预算编制与执行

1. 详细预算制定

场馆在管理和运营任何形式的活动或项目时，制定详细的年度预算是确保财务健康和可持续发展的关键步骤。预算不仅涉及收入来源和支出需求的合理安排，还需要考虑到运营成本、固定支出以及预期收入等多方面因素，以确保资源的有效利用和财务目标的实现。

预算的制定需要全面考虑活动或项目的收入来源。这些来源可能包括门票销售、赞助商和合作伙伴的贡献、特许经营收入以及其他相关的经济利益。门票销售是许多活动的主要收入来源之一，因此需要合理估计不同价格档次的销售量和销售额。在估算门票销售收入时，需要考虑到市场需求、竞争情况以及观众购票意愿等因素，以确保销售目标的实现和收入的稳定性。

赞助商和合作伙伴的贡献在预算中也占据重要地位。赞助商可能通过提供资金、产品赞助或品牌曝光来支持活动，因此需要详细列出各种赞助层次及其相应的权益回报。合作伙伴可能通过共享资源、提供服务或合作推广来参与活动，对于预算的制定来说，需要准确评估其贡献价值并确保双方利益的平衡和实现。

除了直接的收入来源外，预算中还需考虑到特许经营收入和其他相关经济利益。特许经营可以通过授权给第三方使用活动品牌或相关资源来获取收入，如授权产品销售、授权活动内容转播等。活动可能还会带动周边经济活动的发展，如餐饮、住宿、交通等，这些间接的经济效益也需要在预算中进行合理估算和考虑。

一旦确定了收入来源，接下来的预算工作就是详细列出运营成本和固定支出。运营成本包括活动的策划和执行所需的各种费用，如设备租赁、人员工资、保险费用、营销费用等。这些费用需要根据实际需求进行合理估算，并确保在预算范围内有效控制和管理，以避免超支和财务风险。

固定支出是指在活动或项目周期内相对稳定和不变的费用，如固定资产折旧、长期合同租赁费用、固定人员工资等。固定支出的预算制定需要考虑到长期性和持续性，确保活动或项目在长期运营中支出的稳定性和持续性。

预期收入的合理预测和风险评估也是预算制定的关键步骤之一。预期收入的预测需要基于市场调研和历史数据分析，考虑到市场变化和竞争环境的影响。同时，需要对可能出现的风险和不确定性进行分析和评估，制定相应的风险应对措施和备选方案，以确保预算的可靠性和实施的可行性。

2. 预算执行监控

预算执行监控在管理和运营中起着至关重要的作用。通过设立专门的财务团队进行预算执行监控，可以有效地管理和优化场馆的财务资源，确保预算的有效性和合理性。随着市场环境和业务需求的变化，及时调整预算方案能够帮助场馆更好地应对挑战，保持财务稳健和业务持续发展。

设立财务团队进行预算执行监控能够有效管理和分配场馆的财务资源。预算作为财务管理的基础工具,通过设定收入和支出的预期数额,为场馆的日常运营和发展提供了指导和限制。仅仅制定预算是不够的,关键在于如何有效执行和监控预算的执行情况。财务团队在此过程中扮演着核心角色,他们通过监控每个预算周期内的实际支出和收入情况,与预算数进行比较和分析,及时发现偏差并采取相应措施,以确保预算的有效执行和资源的合理利用。

及时调整预算方案是保证预算执行有效性的重要手段之一。市场环境的变化、竞争态势的调整以及内外部因素的影响都可能导致原有预算方案的不足或不适应性。在这种情况下,仅依赖静态的预算计划很难适应复杂多变的经济环境。财务团队通过定期对预算执行情况进行评估和分析,可以识别出现有预算方案中的问题和不足,及时调整预算方案以适应新的市场条件和业务需求。例如,可以根据实际的收入情况和支出需求调整不同部门或项目的预算分配,优化资源配置,提升整体的财务效率和绩效表现。

预算执行监控还有助于提升场馆的财务透明度和管理效能。通过建立健全的预算执行监控机制,财务团队能够为管理层提供及时、准确的财务数据和分析报告。这些数据和报告不仅能够帮助管理层了解场馆财务状况和运营表现,还能够支持决策过程,指导未来的财务策略和规划。管理层可以基于财务团队提供的实时信息,做出及时的调整和决策,确保场馆在竞争激烈的市场环境中保持敏捷和竞争优势。

在执行预算监控的过程中,财务团队需要关注几个关键方面以确保有效性和合理性。首先是对预算执行的详细记录和分析,包括实际支出和收入的跟踪,以及与预算数的比较和评估。其次是对异常情况和偏差的及时识别和处理,如预算超支或者收入不足的情况,需要及时采取措施调整和优化。财务团队需要与各部门和项目负责人密切合作，共同制定和执行有效的预算控制措施，确保整体预算执行的顺利进行。

3.资金使用审计

资金使用审计是场馆管理中至关重要的一环。通过定期对资金使用情况进行审计，可以全面评估预算执行情况，及时发现和解决资金管理中存在的问题和漏洞，从而提高资金利用效率和经济效益。有效的资金使用审计不仅有助于保障资金的合理使用，还能够为场馆的可持续发展提供重要支持。

在当今复杂多变的经济环境下，各类组织都面临着资金管理的挑战。无论是企业、政府机构还是非营利组织，都需要确保资金的有效运用，以支持其日常运营、项目实施及发展战略的顺利推进。而资金使用审计作为一种重要的管理工具和监督机制，不仅能够帮助场馆全面了解资金使用的情况，还能够发现潜在的风险和问题，及时采取措施加以解决。

资金使用审计有助于评估预算执行情况。预算是场馆在特定期间内资金支出的计划和指南，是实现财务管理和控制的重要工具。通过定期进行资金使用审计，可以对比实际支出与预算编制的差异，分析预算执行的偏差原因，并及时调整预算策略和支出计划，确保资金使用符合场馆的战略和发展目标。例如，场馆在执行市场推广预算时，可以通过审计发现某些推广活动的支出超出预期，从而及时调整资源配置，提高推广活动的效果和投资回报率。

资金使用审计能够帮助发现和解决资金管理中的问题和漏洞。在资金使用过程中，往往存在着各种管理问题，如资金流失、滥用资金、审批程序不规范等。通过审计可以发现这些问题的根源和影响因素，为场馆管理者提供改进管理措施和制定更加严格的内部控制政策的依据。例如，政府机构在进行公共项目资金使用审计时，发现部分项目存在资金浪费现象，可以通过加强审批程序、优化项目管理流程等措施，提升公共资金的使用效率和透明度。

资金使用审计还可以促进场馆内部各部门之间的协调合作。在大型组织中，各部门之间往往存在着资源分配不均、信息沟通不畅等问题，导致资金使用效率低下和资源浪费。通过审计，可以全面了解各部门的资金使用情况和需求，推动各部门加强协调合作，共同优化资源配置和资金使用策略。例如，场馆在进行财务审计时，发现某些部门的资金使用效率较低，可以通过跨部门协作和资源整合，提升整体运营效率和绩效表现。

资金使用审计还有助于提升场馆的内部控制和风险管理能力。随着场馆规模的扩大和业务范围的增加，管理和监督的复杂性也在不断增加。通过建立健全内部控制机制，并通过定期审计监督执行情况，可以有效防范和化解各类潜在风险，保障资金的安全和合理使用。例如，场馆在进行资金使用审计时，通过加强风险管理和内部审查，有效防止资金挪用和违规操作，确保资金的安全性和稳定性。通过公开透明的资金使用情况和审计结果，向利益相关者展示场馆的财务健康状况和管理效率，增强其在市场和社会中的竞争力和声誉，吸引更多的社会资源和支持，推动场馆可持续发展和履行社会责任。

（二）资金管理与投资

1. 资金流动管理

资金流动管理的关键在于理解资金的来源和用途。资金来源包括场馆自身的运营收入、外部融资、投资收益等，而资金用途涉及日常经营支出、投资项目、债务偿还等方面。场馆需要通过详细的财务分析，了解每笔资金的流向和周期，以便合理规划资金的使用和周转，避免资金空闲或者紧张的情况发生。通过制定财务预算和资金计划，场馆可以提前预测和规划资金的需求和供给，从而有针对性地采取措施，确保资金的充足和合理利用。预算和计划的建立应当充分考虑到市场环境的变化和场馆经营策略的调整，灵活调整资金的配置和使用计划，以适应不同的经济周期和市场需求。有效的资金调度能够优化资金的使用效率，降低资金成本，并确保资金的安全性和流动性。例如，通过合理配置存款和投资组合，控制资金的流动速度和方向，避免过度依赖短期贷款或者高成本资金来源，从而降低场馆运营中的财务风险。

场馆应当密切关注市场的资金供求状况，及时调整资金策略，避免因市场波动而造成的资金紧张或者浪费。同时，合规性是资金流动管理的重要保障，场馆需要严格遵守相关法律法规，避免因违规操作而带来的法律风险和罚款。通过建立定期的资金流动监控系统和财务报告机制，场馆可以及时发现和解决资金管理中存在的问题和风险，确保资金流动的稳定性和可持续性。监控和评估机制应当结合场馆的财务目标和战略规划，持续优化资金流动管理策略，实现财务效益的最大化。

2. 投资收益管理

投资收益管理是现代体育场馆财务管理中至关重要的一环。通过合理配置闲置资金进行低风险投资，不仅能够有效利用资金，还能获取额外的投资收益，增加场馆的财务收入。这种管理方式不仅适用于各类企业，对于个人财务管理也具有重要意义。在当前经济环境下，如何实现投资收益最大化，成为各类投资者共同关注的焦点。

合理配置闲置资金可以有效提升资金利用效率。大部分企业包括体育场馆在日常经营中往往会产生一定量的闲置资金，如果这些资金长期闲置未用，不仅无法产生利润，还可能面临资金贬值的风险。通过进行低风险投资，如购买稳定收益的货币市场基金等，可以使闲置资金在保持一定流动性的同时获取固定的投资回报。这种方式不仅能提高资金的使用效率，还能为场馆提供稳定的财务收入来源。

低风险投资能够有效降低投资风险。在选择投资标的时，场馆通常会考虑收益率和风险之间的平衡。低风险投资工具通常具有较低的波动性和较稳定的收益水平，相对于高风险投资，其投资回报虽然可能较低，但也降低了资金损失的风险。特别是在经济不确定性增加或市场波动剧烈的情况下，选择低风险投资可以有效保护资金安全，确保投资者在市场波动中能够稳健运作。

通过低风险投资获取额外的投资收益也有助于场馆实现财务目标的多样化。财务管理的一个重要原则是分散投资风险，通过投资多种低风险资产，可以有效分散投资组合的风险，降低整体投资组合的波动性。例如，场馆可以将闲置资金分散投资于货币市场基金、政府债券、短期理财产品等，以实现资金的稳健增值。

低风险投资的选择和管理需要具备一定的投资知识和风险识别能力。尽管低风险投资相对较为安全稳健，但也需要投资者具备基本的投资理财知识，了解各种投资工具的特点、风险和收益预期，以避免由于投资决策失误而造成资金损失。及时跟踪和调整投资组合，根据市场变化和经济环境调整投资策略，也是实现低风险投资收益最大化的重要手段。

3.财务风险管理

有效的财务风险管理体系需要建立清晰的风险识别和评估机制。场馆管理者应该对可能影响场馆财务健康的各类风险进行全面分析和识别,包括但不限于市场风险、信用风险、利率风险和汇率风险等。通过系统性地评估风险的概率和影响程度,场馆可以更加准确地确定应对策略和措施,及时调整财务政策和运营战略,以降低可能的财务损失和风险影响。

建立科学的财务控制和监管机制是财务风险管理的关键步骤之一。场馆应该建立起完善的财务审计和监控体系,确保财务数据的真实性、完整性和时效性。通过定期进行内部审计和财务报表分析,场馆可以及时发现和纠正潜在的财务问题和风险点,防止其进一步扩大和影响整体运营稳定性。

另外,有效的财务风险管理需要注重资金的合理配置和流动性管理。场馆管理者应根据市场环境和财务需求,制定灵活的资金管理策略和投资组合,确保资金的安全性和流动性。例如,可以通过分散投资、选择低风险的资产配置、建立应急资金储备等措施,有效应对可能出现的资金紧张和市场波动,保障场馆财务的稳定性和可持续发展。

还有,建立与金融机构和合作伙伴的良好关系也是有效管理财务风险的重要方面。场馆可以通过与银行建立长期合作关系,获取优惠的贷款利率和金融服务,降低资金成本和财务风险。同时,与供应商和合作伙伴之间建立透明和互信的合作关系,有助于场馆在供应链和业务运作中更加灵活和稳健地应对市场变化和风险挑战。

（三）财务报告与透明度

1. 透明度和合规性

遵循国家法律法规和会计准则，确保财务管理的透明度和合规性，既是体育场馆运营的基本要求，也是提升其信誉和资本市场形象的重要保障。在当今全球化和信息化的背景下，体育场馆面临着越来越复杂和严格的监管环境，财务管理的透明度和合规性显得尤为重要。通过建立健全的财务管理体系和内部控制制度，以及加强外部信息披露和审计监督，体育场馆可以有效地降低经营风险，增强投资者和社会公众的信任，进而提升体育场馆的竞争力和持续发展能力。

第一，遵循国家法律法规是确保财务管理透明度和合规性的基础。不同国家和地区制定了各具特色的法律法规体系，涵盖了财务报告、税务申报、财务审计等多个方面。体育场馆必须严格遵守这些法律法规的要求，如按时提交财务报告、准确申报税收、保证资产和负债的真实性和完整性等。通过建立与法律法规要求相匹配的内部管理制度，确保各项业务活动的合法性和规范性，不仅可以避免因违规行为而引发的法律风险，还能有效提升体育场馆在市场中的声誉和地位。

第二，严格遵循会计准则是保证财务报告透明度和可行性的重要保障。会计准则作为编制财务报告的基础规范，规定了财务信息的记录、计量和披露要求，确保财务报告反映体育场馆真实的财务状况和经营成果。体育场馆应选择适用于自身业务特点与国际接轨的会计准则，如国际财务报告准则或中国会计准则，并严格按照准则的规定编制和披露财务报告。通过采用合适的会计政策和估计方法，保证财务信息的质量和可信度，有助于投资者和利益相关方对体育场馆的财务状况有清晰的认识，增强市场信心和投资者的信任度。

第三，建立健全的财务管理体系和内部控制制度是提升财务管理透明度和合规性的有效途径。财务管理体系涵盖了财务数据的收集、处理、报告和分析过程，通过建立科学合理的财务管理制度，确保财务信息的准确性、及时性和完整性。内部控制制度则是指体育场馆为实现经营目标，有效管理和控制各类风险的制度和措施。包括明确的职责和权限分配、健全的财务控制流程、有效的内部审计机制等。通过加强内部控制，及时发现和纠正财务管理中的问题和漏洞，有效防范内部失误和不当行为的发生，提升财务管理的效率和透明度。

第四，加强外部信息披露和审计监督是保证财务管理透明度和合规性的重要手段。体育场馆应及时、真实、完整地披露财务信息，向社会公众和投资者公开财务状况和经营成果。通过编制年度财务报告、中期报告以及及时披露重大事项，增强信息的透明度和可信度，减少信息不对称带来的市场风险。同时，定期进行外部审计和财务审查，由独立的注册会计师事务所对体育场馆的财务报表进行审计，确保财务信息的真实性和可靠性，为体育场馆的经营决策和投资者的理性选择提供有力支持。

2.风险披露与应对

在任何商业活动或项目中，识别和披露潜在的财务风险是确保财务稳定性和可持续发展的重要步骤。财务风险可能来源于多个方面，包括市场波动、经济环境变化、管理不当、竞争压力等因素。有效识别和披露这些风险，并制定相应的应对措施，能够有效减少风险对财务稳定性的影响，提高场馆对未来挑战的适应能力和应对能力。

市场风险是财务管理中一个重要的考量因素。市场的不确定性和波动性可能导致资产价格波动、投资回报率下降或者资金流动性紧张等问题，从而影响到场馆的财务状况和经营效益。为了有效应对市场风险，场馆需要对市场情况进行定期监测和分析，了解市场趋势和变化。在财务报告中，应当明确披露市场风险的潜在影响和可能的后果，以及制定的具体应对措施，如多样化投资组合、保险政策购买或者货币避险策略等，来降低市场波动对财务稳定性的冲击。

经济环境风险也是影响财务稳定性的重要因素之一。经济周期的变化、政策调整或者行业发展的不确定性，都可能对场馆的财务表现产生深远影响。在面对经济环境风险时，场馆需要通过定量分析和定性评估，识别可能的风险点并加以披露。例如，经济衰退可能导致消费者支出减少，从而影响销售收入；货币政策紧缩可能导致资金成本上升，影响资本投资计划。在财务报告中，应清晰地披露经济环境风险对财务状况的潜在影响，并说明场馆如何通过控制成本、优化资本结构或者开拓新市场来应对这些风险。

风险管理是保障财务稳定性的重要措施之一。风险管理可能源于内部流程、人员能力、运营决策等多个方面。例如，内部控制不力可能导致资金管理不当或者财务报告的不准确性，从而影响到财务透明度和监管合规性。为了有效管理这些风险，场馆需要建立健全的内部控制体系，包括明确的责任分工、制度流程的规范和有效的监督机制。在财务报告中，应当披露内部控制体系的设计和实施情况，以及对内部风险的管理措施和持续改进计划。

竞争压力和市场份额的变化也可能带来财务风险。市场竞争激烈可能导致产品价格下降、市场份额流失或者市场推广成本增加等问题，影响到场馆的盈利能力和市场地位。为了应对竞争风险，场馆需要进行竞争环境分析和市场定位，制定差异化竞争策略和市场拓展计划。在财务报告中，应清晰地披露市场竞争的潜在影响和场馆的应对策略，如通过产品创新、服务优化或者价格策略调整来增强市场竞争力和抵御竞争风险。

技术和操作风险也需要在财务报告中进行适当披露。随着技术的发展和应用，信息安全风险、数据管理风险以及系统故障可能对场馆的运营和财务稳定性产生负面影响。为了降低技术和操作风险带来的潜在影响，场馆需要加强信息技术基础设施建设和数据安全管理，建立健全的应急响应机制和业务持续性计划。在财务报告中，应当披露信息技术系统的安全性和稳定性评估情况，以及场馆对技术和操作风险的管理措施和投入。

第三节 客户服务与用户体验

一、现代体育场馆运营模式的客户服务

（一）多渠道沟通

多渠道沟通在现代体育场馆运营中具有重要意义。通过提供多种沟通渠道，如电话、电子邮件、社交媒体等，体育场馆能够更好地满足用户的沟通偏好，提升沟通效率和用户满意度。不同的用户有不同的习惯和需求，因此提供多样化的沟通选择不仅增强了用户体验，还有助于建立良好的客户关系和品牌形象。

多渠道沟通能够提高沟通的便捷性和灵活性。传统的电话沟通侧重于实时交流和问题解决，适合用户有急切需求或复杂问题需要直接沟通的情况。电子邮件则为用户提供了书面沟通的方式，适合于较为正式和详细的信息传递，如投诉处理、合同确认等。而社交媒体作为新兴的沟通渠道，更注重与用户之间的互动和即时反馈，可以有效地增强品牌的社交化营销和用户参与度。通过提供这些多样化的沟通选择，体育场馆能够更加灵活地满足不同用户的沟通偏好，提升沟通效率和服务质量。

多渠道沟通有助于增强客户体验和满意度。用户可以根据自己的实际需求和偏好选择最合适的沟通方式，这种个性化的服务体验能够显著提升用户的满意度。例如，对于繁忙的职业人士来说，他们可能更倾向于使用电子邮件或短

信进行沟通，因为这样可以在自己的时间安排内进行回复和处理。而年轻的用户群体则更喜欢通过社交媒体平台与品牌进行互动，分享自己的使用体验和观点。通过了解和满足用户的沟通偏好，体育场馆能够建立起更加密切和持久的客户关系，提升品牌忠诚度和口碑效应。

除了提升用户满意度外，多渠道沟通还有助于提升体育场馆的市场竞争力和品牌形象。在竞争激烈的市场环境中，良好的沟通体验成为吸引和留住客户的重要因素之一。通过提供多种沟通渠道，体育场馆能够展现出其关注用户需求和服务质量的态度，树立起开放、透明和贴近用户的形象。例如，及时响应用户的问题和反馈，通过各种渠道传递积极的品牌形象和服务承诺，可以有效地塑造品牌的良好口碑和市场认可度。

在实施多渠道沟通策略时，体育场馆需要关注几个关键方面以确保其有效性和效率。首先是沟通渠道的整合和协调。不同的沟通渠道可能涉及不同的团队和资源，体育场馆需要确保这些团队能够有效地协同工作，保持信息的一致性和及时性。其次是沟通内容的精准和个性化。针对不同的沟通渠道和用户群体，体育场馆需要量身定制相应的沟通内容和策略，以确保信息传递的有效性和吸引力。最后是沟通效果的监控和评估。通过设立有效的监控机制，体育场馆可以及时了解到各种沟通渠道的使用情况和用户反馈，从而及时调整和优化沟通策略，提升整体的沟通效率和效果。

（二）客户满意度调查

定期进行客户满意度调查是现代体育场馆提升服务质量和客户体验的重要手段。通过了解用户的真实感受和需求，场馆可以有针对性地改进和优化服务流程和策略，从而提升客户满意度，增强客户黏性和忠诚度，实现长期可持续发展。

客户满意度调查不仅是场馆与客户沟通的桥梁，更是获取宝贵反馈和改进建议的重要渠道。在竞争激烈的市场环境下，场馆要想在激烈的竞争中脱颖而出，必须关注客户的需求和反馈，及时调整和改进自己的服务和产品，以顺应市场变化和客户期待。通过客户满意度调查，场馆可以全面了解客户对服务质量、产品功能、价格合理性、售后支持等方面的评价，为场馆制定有效的战略和决策提供数据支持。

在日常业务运营中，场馆难免会有自己的主观认知和假设，而客户满意度调查则可以客观地收集客户的反馈和评价，了解客户在使用产品或服务过程中的真实体验和感受。通过问卷调查、电话访谈、在线反馈等方式，场馆可以获取客户的详细意见，包括存在的问题和建议改进的方向。

在运营过程中，难免会出现服务流程不畅、售后支持不足、产品质量问题等情况，这些都可能影响客户的满意度和忠诚度。通过定期进行客户满意度调查，场馆可以及时发现服务中存在的问题和短板，分析问题的根源和影响因素，采取针对性的改进措施和优化策略。

客户满意度不仅仅是客户对产品或服务的满意程度，更是客户对场馆整体形象的认同和接受。通过积极主动地了解客户的需求和期待，场馆可以调整内部流程和工作方式，从而更好地服务客户，提升客户的整体满意度和忠诚度。

在竞争激烈的市场环境中，场馆要想保持竞争优势和持续增长，必须不断改进和创新产品和服务，以适应市场的变化和客户的需求变化。通过客户满意度调查收集客户的建议和意见，可以为场馆提供创新思路和改进方向，推动场馆不断优化产品功能和服务体验，提升市场竞争力和客户满意度。

（三）会员专属权益

建立会员制度是许多企业和组织增强客户忠诚度和提升品牌影响力的重要策略之一，体育场馆也不例外。通过为会员提供专属的服务和优惠政策，场馆可以有效地增强用户的归属感和忠诚度，从而提升客户的满意度和再购买率。会员制度不仅能够促进销售增长，还能够为场馆建立稳定的客户基础，实现长期的经营发展目标。

会员不仅仅是体育场馆的消费者，更是体育社群的一部分。通过定期举办会员专属活动或者社群互动，体育场馆可以加强与会员之间的交流和互动，形成良好的社群氛围。例如，一些健身俱乐部会定期组织会员专属健身课程或者社交活动，让会员感受到特别的待遇和归属感，从而增强了他们的忠诚度和满意度。通过为会员提供优质的服务和个性化的关怀，体育场馆能够树立起良好的品牌形象，赢得消费者的信任和口碑。消费者往往更倾向于选择那些能够提供额外价值和专属权益的体育场馆作为长期的合作伙伴。会员制度不仅仅是增加销售额的手段，更是提升品牌忠诚度和市场竞争力的重要策略。通过会员信息管理系统，场馆可以深入了解会员的消费习惯、偏好和需求，从而精确地调整产品和服务策略，满足不同会员群体的需求。同时，会员参与度和反馈也为体育场馆提供了宝贵的市场信息，帮助体育场馆更加精准地进行市场定位和营销策略的制定。

体育场馆需要制定清晰的会员政策和运营规范，确保会员权益的透明和公正。同时，还需要投入足够的资源和精力进行会员管理和服务优化，提升会员体验和满意度。随着市场竞争的加剧和消费者需求的多样化，现代体育场馆还应不断创新和优化会员制度，以适应市场的变化和客户的需求，保持竞争优势和长期可持续发展。

二、现代体育场馆运营模式的个性化服务

（一）家庭友好环境

家庭友好环境的设计在各类现代体育场馆运营中越发受到重视。通过提供适合家庭的活动和设施，如儿童游乐区和家庭套票优惠，不仅可以吸引更多的家庭用户，还能提升他们的整体体验。这种设计理念不仅关乎商业经营的成功，更涉及如何创造一个愉悦、安全且充满活力的环境，让家庭成员能够共同享受到美好的时光。

设计适合家庭的活动和设施能够有效吸引家庭用户的到访。随着家庭生活方式的多样化和休闲消费观念的变化，家庭用户越来越重视在外出游玩时能够提供给孩子和家庭成员一个安全、有趣的环境。现代体育场馆通过设置儿童游乐区、亲子活动中心以及家庭套票优惠，能够有效满足家庭的多样化需求，吸引他们选择这些地方作为休闲娱乐的首选目的地。

设计家庭友好环境可以显著提升家庭用户的整体体验。家庭出游的核心在于全家共享的快乐时光和美好回忆。通过提供安全、便利的设施和服务，现代体育场馆能够为家庭用户创造一个舒适宜人的环境，让他们能够放心享受活动和服务。

设计家庭友好环境也面临一些挑战和考验。如何平衡各个年龄段家庭成员的兴趣和需求，设计出既能吸引孩子又能满足成年人的设施和活动，是一个需要综合考虑的问题。如何有效管理和维护家庭友好设施，确保其长期运行和服务质量，也是关乎用户体验和商业运营成功的重要因素。

设计家庭友好环境需要与时俱进，不断创新和提升。随着科技的发展和消费者需求的变化，家庭用户对于体验的期待也在不断提高。现代体育场馆可以通过引入虚拟现实技术、互动体验设施等创新元素，提升家庭用户的参与感和体验感，增加他们的满意度和忠诚度。

（二）场馆设计

舒适的座椅是场馆设计中至关重要的一环。无论是体育赛事的观众席还是健身房的休息区，舒适的座椅设计直接影响到用户的体验感受。良好的座椅设计应考虑到人体工程学原理，提供足够的支撑和舒适度，避免长时间坐着造成的不适感。座椅的布局和间距也需要合理安排，以确保用户在使用时能够有足够的私密空间和舒适的观赛或休息体验。

宽敞的走道和通道设计能够有效提升场馆的流动性和使用效率。无论是体育场馆还是展览中心，通畅的走道和通道设计不仅能够方便用户的进出和移动，还能够降低拥挤和安全隐患。合理设置的走道宽度和标识指引能够帮助用户快速找到目标位置，提升整体的场馆运营效率。对于有特殊需求的用户，如残障人士，宽敞和无障碍的通道设计更是必不可少，体现了场馆对于多样化用户群体的关注和负责任态度。

现代化的设施和设备是体现场馆设计先进性和科技感的重要组成部分。随着科技的进步和用户需求的不断变化，现代化设施不仅能够提升场馆的功能性和实用性，还能够增强用户体验的时尚感和前卫性。例如，智能化的安全监控系统、自动化的灯光控制系统以及高效节能的空调系统，不仅提升了场馆的安全性和舒适度，还能有效降低场馆的运营成本和能源消耗，实现可持续发展的目标。

注重细节和用户感受的人性化设计理念是场馆设计的核心价值。从入口到座位，从卫生间到休息区，每一个细节设计都应考虑到用户的舒适感和便利性。例如，在休息区设置便捷的充电插座和无线网络覆盖，为用户提供便利的服务；在卫生间设置符合卫生标准的设施和舒适的使用体验，以提升整体的服务质量和用户满意度。

（三）清洁与卫生

场馆的清洁工作应当包括对各类表面、设备和设施的定期清洁。例如，运动场地和训练设施经常会有大量用户活动，容易积累污垢和细菌。定期对这些区域进行深度清洁和消毒，不仅可以清除表面污物，还能有效杀灭潜藏的病原体，减少交叉感染的风险。对公共区域和设施（如更衣室、卫生间和休息区）的清洁工作也至关重要，确保用户在使用过程中的舒适和安全。

有效的清洁和卫生管理不仅仅是为了应对突发疫情或疾病传播，更是提升用户体验和场馆形象的重要手段。用户对于场馆环境的清洁度和卫生条件有着高度关注，这直接影响他们的满意度和忠诚度。建立科学合理的清洁管理制度，确保每个环节的执行和监督，是场馆管理的基本要求之一。

除了定期清洁外，教育用户关于个人卫生和场馆使用规范也是提升整体卫生水平的重要措施。通过制定和宣传场馆规则，引导用户在使用场馆设施时保持良好的个人卫生习惯，如洗手、使用毛巾、穿戴适当的运动装备等，可以有效减少污染源和疾病传播的可能性。提供必要的卫生设施和便利，如充足的洗手间、卫生纸、消毒液等，也是场馆营造健康友好环境的重要因素。

在清洁和卫生管理中，特别是在处理特定污染和灾难性事件时，及时响应和应对至关重要。建立紧急响应计划和应急清洁措施，以应对突发疫情或其他卫生风险，不仅能有效保护用户健康，还能维护场馆的公共形象和声誉。通过合理的预案和设施，提前做好卫生设施的规划和投入，在突发事件发生时能够迅速、有效地应对，减少损失和影响。

第五章 现代体育场馆市场营销

第一节 目标市场的确定与分析

一、目标市场的确定

(一)人群特征分析

1. 年龄段和性别比例

年龄段的分析通常基于人口统计数据和消费者行为数据。不同年龄段的消费者在消费习惯、购买力和产品偏好上存在显著差异。例如,年轻消费者往往对新兴技术产品和时尚潮流敏感,而老年消费者则更注重产品的实用性和性价比。通过分析目标市场的年龄结构,体育场馆可以识别出最具潜力的消费群体,从而制定有针对性的体育产品推广策略。

以 18~35 岁的年轻人群体为例,这一年龄段的消费者通常是市场的主要购买力。这一群体对品牌的忠诚度较低,更容易受到广告和市场活动的影响。场馆在制定营销策略时,可以重点关注这一年龄段,通过社交媒体、线上广告和互动活动等方式吸引他们的注意力,提升品牌知名度和产品销量。

性别比例的分析同样重要，不同性别的消费者在购买行为和消费习惯上也存在明显差异。例如，在一个女性占主要比例的市场中，场馆可以通过推出女性专属体育产品和服务来吸引女性消费者的注意力。同时，可以借助社交媒体平台和女性时尚杂志进行广告投放，提升品牌在女性消费者中的影响力。对于男性占主导的市场，场馆则可以重点推广科技含量高、功能性强的产品，并通过体育赛事赞助和男性兴趣类媒体进行宣传，吸引男性消费者的关注。

在实际操作中，场馆可以通过问卷调查、消费者行为分析和大数据技术等手段获取目标市场的年龄段和性别比例数据。问卷调查是获取消费者信息的常用方法，通过设置合理的问题，可以详细了解消费者的年龄、性别、收入水平和消费习惯等信息。消费者行为分析则是通过对消费者购买记录和浏览记录的分析，了解其消费倾向和偏好。而大数据技术则可以整合多渠道的数据，提供更加全面和精准的市场分析结果。

2. 收入水平和职业

收入水平和职业特征对目标市场的消费行为有着重要影响。通过了解目标市场的收入水平，可以判断其消费能力，从而制定相应的营销策略。同时，不同职业背景的人群在消费偏好上也存在差异，这就需要场馆在体育产品设计和营销宣传上加以考虑。

了解目标市场的收入水平是制定营销策略的基础。收入水平直接影响消费者的购买力，高收入人群通常具备更强的消费能力，他们在选择产品时更注重品牌和品质，对价格的敏感度较低。这类人群往往追求高端产品和服务，场馆可以针对他们推出高附加值的体育产品和定制化服务，以满足其个性化需求。

而中低收入人群则更注重性价比，他们在消费时会更谨慎，更倾向于选择价格合理且品质有保障的产品。场馆在面对这类市场时，可以通过促销、打折等手段吸引他们的注意力。

职业特征对消费偏好的影响也不可忽视。不同职业背景的人在生活方式、兴趣爱好等方面存在明显差异，这直接影响了他们的消费选择。比如，白领阶层由于工作压力大，生活节奏快，他们更倾向于选择便捷、高效的产品和服务，如健康管理 APP 等。而从事体力劳动的人则更看重产品的实用性和耐用性，他们在选择商品时更关注性价比和使用寿命。自由职业者和创业者由于工作时间灵活，他们对办公设备和网络服务的需求较高，这类人群在消费时更注重产品的功能性和技术支持。

细分市场也是了解收入水平和职业特征的关键。不同细分市场的消费行为存在很大差异，场馆需要有针对性地进行市场调研，了解各个细分市场的收入水平和职业构成，从而制定有效的营销策略。比如，年轻白领市场和中年工薪阶层市场在消费习惯和偏好上就有明显不同，场馆在进行市场推广时需要根据这些差异制定相应的宣传内容和渠道。

数据分析在了解目标市场收入水平和职业特征中起到了重要作用。通过大数据分析，场馆可以获取目标市场的收入分布情况和职业构成，从而精准定位目标客户群体。

消费者行为学的研究表明，收入水平和职业特征不仅影响消费者的购买力和消费偏好，还影响其品牌忠诚度和购买者决策过程。高收入人群通常更注重品牌和品质，他们对品牌的忠诚度较高，而中低收入人群则更容易受到价格和促销的影响，他们在购买决策时更容易受到外部因素的干扰。场馆在进行品牌建设时，需要根据不同收入水平和职业背景的消费者特征，采取不同的品牌传播策略，以提高品牌影响力和市场占有率。

职业特征还影响消费者的媒体接触习惯。不同职业背景的人在媒体接触上存在差异，白领阶层由于工作繁忙，他们更倾向于通过手机APP、社交媒体等便捷的渠道获取信息，而从事体力劳动的人群则更习惯于通过传统媒体如电视、广播等获取信息。场馆在进行广告投放时，需要根据目标市场的职业特征选择合适的媒体渠道，以提高广告的传播效果和到达率。

消费者的生活方式与其职业特征密切相关，而生活方式又直接影响消费行为。比如，职场精英由于工作压力大，他们更倾向于选择高品质的健康管理产品和服务，而年轻的自由职业者则更注重时尚和个性化，他们在消费时更倾向于选择符合自己审美和价值观的体育产品。场馆在进行市场定位时，需要充分考虑目标市场的职业特征和生活方式，以便推出符合市场需求的体育产品和服务。

消费心理学研究发现，收入水平和职业特征还会影响消费者的心理需求和价值观。高收入人群在消费时更追求品质和享受，他们在购买产品时更注重体验和附加价值，而中低收入人群则更注重实用性和价格，他们在消费时更倾向于选择性价比高的产品。场馆在产品设计和营销宣传时，需要根据不同收入水平和职业特征的消费者心理需求，制定相应的策略，以提高场馆的市场竞争力和吸引力。了解目标市场的收入水平和职业特征，对于场馆制定有效的营销策略至关重要。通过细致的市场调研和数据分析，场馆可以准确掌握目标市场的消费能力和消费偏好，从而制定精准的营销策略，提高市场占有率和品牌影响力。同时，场馆还需要根据不同职业背景消费者的特征，选择合适的媒体渠道和宣传内容，以提高广告投放的效果和到达率。总之，只有深入了解目标市场的收入水平和职业特征，体育场馆才能在激烈的市场竞争中占据有利地位，实现可持续发展。

3. 兴趣爱好和行为习惯

了解消费者的兴趣爱好是制定有效营销策略的重要基础。兴趣爱好不仅反映了消费者的个性和生活方式，还直接影响他们的消费选择。通过调研发现，某些消费者对体育活动、音乐会、美食节等特定类型的活动有着强烈的兴趣，这为制定针对性的营销方案提供了依据。社交媒体的分析也是了解消费者兴趣爱好的重要手段。通过分析消费者在社交媒体上的行为，如点赞、分享、评论等，可以发现他们关注的热点话题和感兴趣的内容。这些数据可以帮助体育场馆更精准地定位目标市场，制定更加个性化和有效的营销策略。

市场调研和行为分析得到的数据，需要转化为实际应用才能真正发挥作用。场馆可以根据消费者的兴趣爱好，制定更具针对性的营销策略。例如，针对喜欢体育活动的消费者，可以推出相关产品和服务的促销活动，吸引他们的注意力和购买兴趣。也可以根据消费行为习惯，优化产品和服务的提供方式。例如，在消费者高峰期增加销售人员和服务窗口，提高服务效率；在消费者偏好的支付方式上提供更多选择，提升购物便利性。场馆还可以利用这些数据进行个性化推荐和精准营销。通过分析消费者的兴趣爱好和购买历史，可以为他们推荐更符合需求的体育产品和服务，增加销售机会和客户满意度。

市场调研和行为分析是一个持续进行的过程。随着消费者需求的不断变化，场馆需要不断更新和改进调研方法和分析工具，确保数据的准确性和及时性。还应加强对新兴技术的应用，如大数据分析和人工智能，通过更深入和全面的数据分析，为场馆的经营决策提供更有力的支持。与消费者的互动也是改进的一个重要方向。通过与消费者建立良好的沟通渠道，及时了解他们的反馈和需求变化，可以更好地调整营销策略和服务内容，提高市场竞争力和客户满意度。

（二）地理位置分析

1. 地理分布

体育场馆的选址需要充分考虑人口密度高的地区。在这些地区，潜在观众数量庞大，市场需求旺盛，有助于提高赛事的上座率和门票收入。例如，大城市和都市圈通常是体育场馆的首选之地，因为这些地区集中了大量的居民和游客。这些地区通常具备完善的交通基础设施，方便观众前往场馆观赛。

交通便利性是体育场馆选址的另一个重要因素。良好的交通条件不仅包括公路和铁路的便捷通达，还应考虑到公共交通系统的完善程度。现代体育场馆通常需要配备充足的停车位，并与公共交通枢纽有良好的连接，以确保观众可以方便快捷地抵达和离开场馆。特别是在大型体育赛事期间，交通的顺畅与否直接影响观众的观赛体验和满意度。

经济水平和消费能力也是影响体育场馆选址的重要因素。一个经济发达、消费能力较强的地区，其居民对体育赛事和相关消费的接受度和支付能力较高，能够为体育场馆带来可观的收入。例如，一些经济繁荣的都市不仅拥有庞大的本地市场，还能够吸引来自周边地区甚至国外的观众，从而扩大赛事的影响力和覆盖范围。

文化背景和体育氛围同样不可忽视。在选择体育场馆的地理位置时，应考虑当地居民的体育兴趣和文化偏好。一个热爱体育、拥有浓厚体育氛围的地区，能够为体育场馆的发展提供良好的文化土壤。例如，一些有着悠久体育传统的城市，其居民对各类体育赛事的参与度和支持度通常较高，这有助于提高赛事的关注度和参与度。

确定体育场馆的主要地理位置和覆盖范围，还需要考虑区域经济和社会发展的整体规划。一些新兴城市和发展中的都市圈，虽然当前的市场规模和消费能力可能不如一线城市，但其发展潜力巨大，未来有望成为重要的体育市场。通过合理的规划和布局，体育场馆可以在这些地区抢占市场先机，逐步扩大其影响力和市场份额。

体育场馆的选址还应考虑到赛事的类型和特点。不同类型的体育赛事对场馆的需求各不相同。例如，足球比赛需要大规模的观众席位和草坪场地，而篮球比赛则更注重场馆的内部设施和观众的近距离观赛体验。根据赛事的特点选择合适的地理位置，可以最大限度地发挥场馆的功能和优势，提高赛事的整体效果。

除了上述因素外，现代体育场馆在选址时还应注重与周边社区和环境的协调发展。体育场馆的建设和运营不仅需要考虑自身的经济效益，还应关注对周边社区的影响。例如，场馆的建设和运营可能对当地的交通、环境和居民生活带来一定的压力，因此需要通过科学规划和有效管理，减少对周边社区的不利影响，实现可持续发展。

在分析目标市场的地理分布时，还应充分利用现代信息技术和大数据分析工具。通过对市场数据的深入分析,可以精准定位目标观众,了解其需求和偏好,为体育场馆的选址提供科学依据。例如,通过对观众来源地、出行方式、消费习惯等数据的分析,可以优化场馆的交通和服务设施,提高观众的满意度和忠诚度。

在确定体育场馆的地理位置和覆盖范围后,还需要制定相应的营销和推广策略,以扩大赛事的影响力和覆盖面。例如,可以通过多种渠道的宣传和推广活动,吸引更多的观众和参与者,提高赛事的知名度和市场份额。同时,还可以通过与当地政府、企业和社区的合作,增强场馆的社会影响力和公众认可度,实现经济效益和社会效益的双赢。

2. 交通便捷性

优化公共交通的衔接是提高交通便捷性的另一关键措施。赛事期间,可以通过与当地交通运输部门合作,增设临时公交线路或增加现有线路的班次,减少观众在公共交通工具上的等待时间。提供便捷的换乘服务也是提升交通便捷性的有效方法。例如,在主要交通枢纽设置赛事专线接驳车,直接将观众送达场馆门口。

合理规划停车场地及管理也至关重要。对于自驾观众,充足且方便的停车场地能够显著提升其到场意愿。场馆周边应该设有标识清晰的停车区域,并提供实时停车信息,方便观众快速找到停车位。鼓励观众使用公共交通也是一种有效的交通管理策略。通过提高停车费或者提供公共交通折扣,可以引导更多观众选择公共交通工具,减轻场馆周边的交通压力。

科技手段在提升交通便捷性方面同样扮演着重要角色。建立智能交通系统,可以实时监测道路状况，提供交通诱导信息，帮助观众选择最优路线到达场馆。赛事官方APP或网站也可以提供详细的交通指南，包括各种交通方式的建议、实时交通状况、停车信息等，方便观众提前规划行程。

交通便捷性不仅影响观众的到场率，也直接关系到赛事的整体体验。便捷的交通可以减少观众的等待和行走时间，让他们有更多的精力和时间享受赛事本身，从而提升赛事的口碑和观众的满意度。对于参与者而言，便捷的交通能够确保他们准时到达比赛场地，减少不必要的疲劳和压力，保证其在比赛中的最佳表现。

加强与地方政府和社区的合作是提升交通便捷性的另一重要措施。地方政府在交通设施建设和管理方面具有重要的决策权和资源储备，争取政府的支持可以获得更多的政策和资金支持，改善交通基础设施。同时，与社区的合作可以通过志愿者服务、信息传播等方式，帮助赛事期间的交通组织和管理。例如，社区志愿者可以在重要路口和交通枢纽提供交通指引服务，协助观众顺利到达场馆。

考虑到环境保护和可持续发展，倡导绿色出行也是提升交通便捷性的重要内容。通过宣传和奖励措施，鼓励观众选择步行、骑行或公共交通工具出行，不仅可以减少交通拥堵，还能降低赛事对环境的影响。例如，为骑行到场馆的观众提供免费存车服务或小礼品，鼓励更多人选择环保出行方式。

赛事结束后的交通疏导同样需要精心设计和管理。大规模的观众同时离开场馆，会对周边交通造成巨大压力。制定有效的交通疏导方案，分批次引导观众离场，增加公共交通班次，确保观众能够顺利、快捷地离开场馆，是提升赛事整体交通便捷性的最后一步。

3. 市场竞争

在现代社会，人们对体育和健康生活的关注日益增加，这推动了体育场馆和相关活动的发展。在目标市场区域内，可以找到各种类型的竞争对手。首先是类似的体育场馆，如健身房、游泳馆、羽毛球馆等。这些场馆提供不同类型的运动设施和服务，吸引着不同层次和需求的顾客群体。例如，健身房以其便捷的运动方式和多样的健身课程吸引着忙碌的白领和年轻人群体；游泳馆则专注于水上运动爱好者和健身者；羽毛球馆则满足了羽毛球爱好者的需求。

除了类似的体育场馆，还有各种相关的体育活动和娱乐选择构成了竞争的一部分。这些活动包括户外跑步、自行车骑行、足球、篮球等公共场地运动，以及其他娱乐活动如电影院、购物中心等。这些选择给顾客提供了多样化的休闲和娱乐方式，竞争场景更加复杂和多样化。

在竞争激烈的市场环境中，体育场馆需要通过不同的市场策略来提升竞争力。首先是定位和特色化。通过明确场馆的定位和特色，如提供高端设施、个性化的健身计划、专业的教练团队等，能够吸引到特定目标群体的注意和青睐。其次是服务和体验。提供优质的服务体验，如友好的接待、整洁的环境、便捷的预订系统等，能够增强顾客的满意度和忠诚度。最后是价格和促销策略。灵活的价格策略和吸引人的促销活动，如会员优惠、季节性折扣等，能够在竞争激烈的市场中占据一席之地。

技术和创新也是提升竞争力的关键因素。通过引入先进的健身设备、数字化的健身课程、在线预订系统等技术手段，能够提升场馆的吸引力和服务水平，满足现代顾客对便利性和个性化的需求。例如，许多健身场馆开始利用智能健身设备和健身 APP，为顾客提供个性化的健身方案和实时健身数据分析，增强顾客的参与度和体验感。

在面对市场竞争时，场馆管理团队还需关注市场趋势和顾客反馈。通过定期的市场调研和顾客满意度调查，了解市场的动态变化和顾客的需求变化，及时调整和优化经营策略。同时，建立良好的品牌形象和口碑也是提升竞争力的重要手段，通过社交媒体和口碑营销等方式，增强场馆的品牌认知度和美誉度，吸引更多顾客的选择和信赖。

（三）消费者行为分析

1. 消费偏好和需求

消费者选择体育场馆时，通常会关注场馆的便利性、设施设备和服务质量。便利性是消费者选择体育场馆的重要考量因素之一。消费者倾向于选择交通便利、停车方便的场馆，特别是那些位于城市中心或交通枢纽附近的场馆。例如，市中心的场馆容易吸引上班族和附近居民选择在工作日或休息日进行体育活动。消费者对场馆设施设备的要求也很高。现代化的体育场馆通常配备有先进的健身设备、多功能场地和专业的教练团队。消费者希望能够在舒适和安全的环境中进行运动，享受到专业水平的体育设施和服务。

服务质量对消费者体验的影响也非常重要。优质的服务包括友好的接待、高效的会员服务、整洁的环境以及良好的后勤保障。消费者倾向于选择服务态度良好、管理规范、能够提供个性化服务的体育场馆。除了体育场馆，消费者对赛事本身也有着特定的期待和关注点。消费者关注赛事的内容和品质。他们希望观看到具有竞技水平和娱乐价值的比赛项目，如专业运动员的比拼或者新颖有趣的体育表演。赛事组织者需要根据目标市场的喜好和兴趣，精心策划和安排赛事项目，确保吸引力和观赏性。

消费者对赛事的安全性和组织管理也非常关注。安全性是消费者参与或观看赛事时的首要考虑因素之一。体育场馆需要确保设施的安全性和应急预案的完备性，有效应对突发事件和紧急情况，保障观众和参与者的人身安全。消费者对赛事的社交性和互动性也有一定的期待。他们希望赛事能够提供良好的社交平台和互动机会，与他人分享体育热情、交流观点和结识新朋友。体育场馆可以通过举办观众互动环节、社交活动和线上平台互动等方式，增强赛事的社交性和参与度。

要深入了解消费者的偏好和需求，市场调研是必不可少的手段。通过定量和定性的调研方法，如问卷调查、焦点小组讨论和个别访谈，可以收集消费者的意见、建议和反馈。调研可以帮助体育场馆分析消费者的行为模式、需求特征和购买动机，为制定精准的营销策略和改进服务提供数据支持。消费者洞察分析也是理解消费者心理和行为的重要途径。通过数据分析和消费者行为模式的挖掘，可以发现消费者的隐藏需求和未满足的期待，为赛事的创新和发展提供新的思路和方向。

2. 消费心理和决策因素

消费者在选择和使用体育场馆时的心理因素和决策过程是体育场馆管理者制定精准市场策略的重要依据。了解消费者的心理需求和决策因素，可以帮助体育场馆提升用户满意度，吸引更多的用户群体，提升市场竞争力。

在现代社会，消费者选择体育场馆的决策不仅是出于对运动和娱乐的需求，还涉及多方面的心理因素。对于大多数消费者来说，选择体育场馆是基于其设施设备的先进性和完备性。现代消费者对于体育场馆的设施要求日益提高，他们希望能够在运动中享受到最先进的设备和设施，如先进的健身器材、舒适的更衣室和洗浴设施等。体育场馆需要根据消费者对设施设备的需求进行投资和更新，确保设施设备的先进性和完备性，从而提升消费者的满意度和忠诚度。

消费者选择体育场馆的决策还受到社会和文化因素的影响。社会上对健康生活方式和体育运动的重视程度不断提升，越来越多的人开始关注健身和运动的重要性。选择体育场馆进行运动锻炼不仅是个人需求的体现，还是社会认同和文化趋势的体现。体育场馆可以通过积极宣传和社会活动的参与，提升体育场馆在社会文化中的地位和影响力，吸引更多消费者选择和使用。

消费者在选择体育场馆时还会考虑到经济因素和实际利益。例如，消费者会比较不同体育场馆的会员费用、使用费用以及各类优惠和折扣政策。他们希望能够在经济上得到实惠，并且选择性价比较高的体育场馆进行长期的运动锻炼。体育场馆需要合理制定收费政策，考虑到消费者的经济承受能力和消费预期，通过灵活的价格策略和会员制度吸引更多消费者的加入和长期使用。

消费者在选择体育场馆时还会关注到服务质量和用户体验。良好的服务质量可以有效提升消费者的满意度和忠诚度，进而促进体育场馆的长期发展和市场竞争力。例如，体育场馆可以通过培训员工的服务意识和专业技能，提升服务质量，确保消费者在体育场馆的每一次使用都能够得到良好的服务体验。还可以通过建立有效的用户反馈机制，及时收集消费者的意见和建议，不断改进和优化服务，提升用户的整体体验感受。

消费者在选择体育场馆时还会考虑到便捷性和地理位置等因素。现代消费者注重生活的便利性和效率性，他们倾向于选择距离居住地或工作地比较近，交通便利的体育场馆进行运动锻炼。体育场馆管理者可以通过合理选择和规划体育场馆的地理位置，确保消费者能够便捷的到达和使用，提升体育场馆的市场竞争力和吸引力。

二、目标市场的分析

（一）市场规模和增长趋势

1.市场容量估算

评估目标市场的市场规模是制定市场战略的基础。市场规模反映了市场中潜在消费者群体的数量和总体需求的大小。在进行市场规模评估时，可以从多个角度进行分析。通过统计数据和市场调研可以获得目标市场的人口数量和消费者分布情况，进而推算出市场的总体规模。可以通过行业协会的数据或者专业咨询机构发布的市场报告来获取行业的整体市场规模和市场份额分布情况。这些数据不仅可以帮助体育场馆了解市场的基本情况，还能够为其制定营销策略和决策提供依据。

了解市场的增长潜力是体育场馆制定长远发展战略的关键。增长潜力指的是市场未来的发展趋势和扩展空间。在评估市场增长潜力时，可以考虑以下几个因素：第一，分析行业的发展趋势和市场需求的变化，尤其是随着科技进步和消费者行为的变化，市场的需求结构可能会发生重大变化，这将直接影响市场的增长潜力。第二，关注政策法规的变化和市场竞争格局的演变，这些因素都可能对市场的增长速度和方向产生重要影响。第三，考虑消费者对新产品和新技术的接受度和需求强度，这将决定市场的扩展空间和创新发展的可能性。

市场规模和增长潜力的评估不仅是为了帮助体育场馆做出战略决策，还能够为投资者提供参考依据。投资者通常会关注目标市场的市场规模和增长潜力，以评估投资项目的风险和回报率。对市场容量和发展趋势的深入了解可以增强体育场馆的竞争优势，帮助体育场馆在市场中占据有利地位，实现长期可持续发展。

在实际操作中，体育场馆可以通过以下几种方式来评估目标市场的市场规模和增长潜力：第一，可以利用市场调研和数据分析工具，收集和分析相关数据，从而获取目标市场的详细信息和消费者行为模式。第二，可以借助专业咨询机构或行业协会发布的市场报告和行业分析，获取行业整体的市场规模和增长预测数据。第三，可以通过与行业内的关键参与者和市场专家进行深入交流和讨论，获取行业内部的最新动态和发展趋势。第四，可以利用大数据和人工智能技术，分析消费者的数据行为和趋势，预测市场的未来发展方向和增长潜力。

2. 市场分割

市场细分是市场营销中的重要策略，通过深入的市场调查和数据分析，可以识别出不同的市场细分领域，从而更精确地定位目标消费群体，并制定针对性的营销策略。下面将从市场调查的方法、数据分析的重要性、市场细分的实施步骤以及每个细分市场的特征和机会等方面，详细探讨如何根据市场调查和数据分析划分市场细分领域。

要有效地划分市场细分领域，首先需要选择合适的市场调查方法。常见的市场调查方法包括定量调研和定性调研。定量调研通过问卷调查等方式收集大量数据，可以量化消费者的偏好、购买行为和反应；而定性调研则通过深度访谈、焦点小组等方式探索消费者的感知、态度和行为背后的动机和理由。

市场分析也是划分市场细分领域的重要手段。通过分析市场的规模、增长率、竞争态势以及消费者的社会经济特征等因素，可以为市场细分提供数据支持和理论依据。数据分析在市场细分中具有关键作用。通过对收集到的大量数据进行分析，可以深入了解消费者的行为模式和趋势，识别出隐藏在数据背后的规律和关联。例如，通过数据分析可以发现某一细分市场中消费者的共同特征和需求，从而精确地定位目标市场，并为后续的营销活动提供精准的指导。

数据分析还能够帮助企业预测市场趋势和未来的需求变化，及时调整市场策略和产品设计，以应对市场的动态变化。市场细分的数据分析不仅仅是理论研究，更是实际营销实践中不可或缺的重要环节。

市场细分的实施需要经过一系列系统化的步骤。首先是数据收集和整理阶段，通过市场调查和数据采集，收集大量的消费者信息和市场数据。其次是数据分析和模式识别阶段，利用统计分析和数据挖掘技术，发现不同消费者群体之间的共同特征和差异。最后是细分市场的定义和分类阶段，根据分析结果将市场划分为不同的细分领域，并确定每个细分市场的特征和定位。在实施过程中，要注重市场细分的时效性和可操作性。即使通过数据分析和模型建立了细分市场，也需要通过实地测试和市场反馈来验证和调整细分市场的划分和特征定义，确保其能够真正反映市场的实际情况和消费者的需求。

划分市场细分领域后，需要深入分析每个细分市场的特征和机会。不同的细分市场可能具有不同的消费者行为模式、购买动机和偏好,因此需要有针对性地制定营销策略和服务方案。

(二)竞争分析

1.竞争对手

在竞争对手的识别过程中,首先需要对目标市场进行深入分析。体育场馆所处的市场通常是一个多元化和竞争激烈的环境,竞争对手可能涵盖从其他体育场馆到其他娱乐和休闲设施的广泛范围。例如,同城内的其他体育场馆、主题公园、电影院以及其他文化娱乐设施都可能是竞争对手的一部分。

竞争对手的优势和弱点分析是理解市场竞争格局的重要途径。竞争对手可能通过多种方式来吸引观众和客户,如独特的体验设计、先进的设施设备、创新的营销策略以及具有竞争力的票价和会员服务。对竞争对手的优势进行分析可以帮助体育场馆识别自身的发展方向和改进空间,从而制定更为有效的竞争策略。

在分析竞争对手的弱点时,可以关注其在服务质量、客户体验、设施维护和管理效率等方面可能存在的问题和瓶颈。通过识别竞争对手的弱点,体育场馆可以找到进攻的机会和改进的空间,从而在市场竞争中占据更有利的位置。

制定有效的竞争策略是体育场馆保持竞争优势和持续发展的关键。竞争策略可以涵盖多个方面,包括提升服务质量和客户体验、优化票务和会员服务、加强市场营销和品牌推广、引入创新的活动和赛事内容等。例如,通过增加体育场馆的多功能性,扩展活动种类和形式,提高设施的灵活性和利用率,吸引更多的观众和参与者。

建立与当地社区和组织的合作伙伴关系，扩展社会影响力和品牌认知度，也是提升竞争力的有效途径。通过与当地学校、企业、社团和非营利组织的合作，体育场馆不仅可以扩大其观众群体，还能够提升其在社会中的地位和影响力，实现经济效益和社会效益的双赢。

在竞争策略的执行过程中，需要不断进行市场反馈和业绩评估，及时调整和优化策略。通过对竞争对手和市场环境的持续监测和分析，体育场馆可以更好地把握市场机会，应对市场挑战，保持竞争优势，实现长期的可持续发展。

2. 竞争定位

市场策略涵盖了赛事的宣传推广、票务销售、赞助合作、观众体验等方方面面。例如，一些竞争对手可能通过高效的数字营销和社交媒体策略吸引年轻观众，而另一些竞争对手则可能通过与知名品牌的合作提升赛事的品牌价值和认知度。通过比较不同竞争对手的市场策略，可以学习其成功之处，同时也能发现其可能存在的短板和改进空间。

差异化竞争的机会和优势点常常隐藏在市场的细节之中。例如，在票务销售方面，通过灵活的票价策略和特别优惠吸引不同偏好的观众群体；在赞助合作方面，寻找与赛事主题或地方文化相关的本地品牌进行合作，增强地方认同感和品牌价值；在观众体验方面，通过创新的互动活动或增值服务提升观众的参与感和满意度。这些都是差异化竞争的具体实施策略，能够帮助赛事在激烈的市场竞争中脱颖而出。

除了市场策略和实施策略外，竞争对手的资源优势和组织能力也是竞争定位分析的重要内容。一些竞争对手可能拥有强大的财务支持和广泛的社会资源，能够在赛事策划和执行过程中投入更多的资源，从而提升整体竞争力。在分析竞争对手的资源优势时，需要考虑其可持续性和应对策略，以及如何在自身有限资源下寻找突破口和机会。

成功的竞争定位不仅是发现差异化竞争的机会，还需要通过有效的市场营销和品牌建设将其落实到实际操作中。在制定差异化竞争战略时，要结合市场需求和观众期待，确保策略的可执行性和市场适应性。通过持续的市场监测和竞争分析，及时调整和优化竞争定位策略，能够帮助赛事在竞争激烈的体育市场中稳步前行，并获得持续的市场竞争优势。

竞争定位的成功关键在于深入分析市场和竞争对手，准确把握市场需求和观众偏好，以及灵活应对市场变化和挑战。通过差异化竞争策略的精心设计和有效实施，体育赛事能够在市场中脱颖而出，吸引更多观众和赞助商，实现长期的经济和品牌价值增长。

（三）市场趋势和机会

1. 行业发展趋势

随着信息技术和智能化设备的迅猛发展，体育场馆正在积极采用先进的技术手段来提升运营效率和顾客体验。首先是智能化设备的应用。例如，智能健身设备可以实时监测顾客的运动数据，提供个性化的健身指导和数据分析，帮助顾客更科学地进行健身训练。其次是虚拟现实技术和增强现实技术的应用。这些技术不仅可以为顾客提供沉浸式的运动体验，还能够增加互动性和娱乐性，吸引更多年轻人的参与。

除了技术创新，消费升级也是现代体育场馆行业发展的显著特征。随着生活水平和健康意识的提高，人们对体育健身的需求不再局限于简单的运动场所，更注重个性化、专业化和高品质的服务体验。体育场馆在服务内容和运营模式上也面临着消费升级的挑战和机遇。例如，越来越多的体育场馆开始提供定制化的健身方案和个性化的教练服务，满足不同顾客群体的需求；同时，增加健康管理、营养指导等附加服务，提升顾客的整体健康管理体验。

市场需求的变化是体育场馆行业发展的另一个重要驱动因素。随着人们生活方式的改变和社会发展的进步，体育场馆所服务的市场需求也在不断调整和升级。首先是健康生活方式的普及化。随着健康意识的提高，越来越多的人开始关注体育锻炼的重要性，体育场馆成为他们实现健康生活方式的重要选择之一。其次是多样化和个性化的需求。不同年龄段、不同兴趣爱好的顾客，对体育场馆提供的服务和设施有着不同的需求和期待，这要求场馆在运营中更加灵活和多样化。

在面对这些发展趋势时，现代体育场馆需要采取一系列有效的策略来应对挑战并抓住机遇。首先是技术驱动的创新策略。通过引入和应用先进的信息技术和智能设备，提升场馆的运营效率和服务水平，提升顾客的体验和满意度。其次是服务升级和个性化定制策略。通过提供定制化的健身方案、个性化的服务和增值服务，满足不同顾客群体的需求，增强顾客的忠诚度和品牌认知度。最后是市场定位和品牌建设策略。通过明确的市场定位和清晰的品牌形象，准确把握目标市场的需求和趋势，制定差异化的市场推广和品牌建设策略，提升竞争力和市场占有率。

2. 机会识别

健身行业的发展也带动了健身流行趋势的变化和升级。消费者越来越关注健康和身体素质的提升，推动了健身方式的多样化和个性化发展。例如，高强度间歇训练和普拉提等新兴的健身方式，因其高效的训练效果和短时间内可见的身体改善效果，受到了广大健身爱好者的青睐。体育场馆可以通过引入专业的健身教练团队和先进的健身设备，提供多样化的健身课程和个性化的健身方案，吸引更多健身爱好者和潜在用户。

健身科技的应用也成为健身流行趋势中的一个重要方向。智能健身设备、健康管理APP和虚拟健身课程等新技术的引入，使得健身变得更加智能化和便捷化。消费者可以通过手机或智能手表随时随地进行健身监测和训练指导，提升健身体验的个性化和互动性。体育场馆可以借助健身科技的发展，打造数字化健身平台和智能健身空间，吸引年轻一代和科技爱好者的关注和参与。

随着社会健康意识的增强，越来越多的消费者关注体育场馆和赛事对社会健康的贡献和影响。例如，环保和可持续发展成为消费者选择体育场馆和参与赛事的重要考量因素之一。消费者倾向于选择注重环境保护、推广低碳生活方式的场馆和赛事项目。体育场馆可以通过引入环保技术和绿色建筑设计，实施垃圾分类和能源节约措施，提升场馆的可持续发展形象，赢得消费者的好评和支持。

体育场馆可以通过与社区合作，开展健康教育活动、免费健康检查和社区健身活动等，服务本地社区居民，提升场馆在社会责任和健康促进方面的影响力和认可度。要抓住新兴机会和趋势，体育场馆可以制定相应的市场发展策略。需要进行市场调研和竞争分析，了解目标市场的需求和竞争态势。可以通过技术创新和产品多样化，满足消费者个性化的体育需求和健身偏好。建立良好的品牌形象和社会责任项目，提升场馆在消费者心目中的信任度和吸引力。

第二节 品牌建设与宣传策略

一、现代体育场馆市场营销品牌建设

（一）品牌定位与价值

品牌定位是体育场馆在市场竞争中脱颖而出的关键因素，它不仅决定了体育场馆在消费者心目中的位置，还直接影响到市场营销策略的制定和执行。通过确定体育场馆的独特卖点和核心价值，并与目标市场形成共鸣，体育场馆可以有效提升品牌的知名度和市场竞争力。

品牌定位需要明确定义体育场馆的主要目标群体和市场需求。体育场馆的主要目标群体可以根据其设施设备、服务定位和市场定位来确定。例如，某些体育场馆可能主要面向专业运动员和团队，提供高级且专业的训练设施和个性化的训练服务；而另一些体育场馆可能更注重日常健身和休闲娱乐的消费者群体，提供多样化的健身课程和社交活动。体育场馆需要通过市场调研和消费者分析，深入了解目标群体的特征和需求，为品牌定位提供有效的依据。

体育场馆的品牌定位还需要考虑到市场的竞争格局和消费者的选择偏好。在竞争激烈的市场环境中，体育场馆需要找到自己的市场定位和竞争优势，与竞争对手形成差异化。例如，通过提供独特的健身课程、创新的运动科技设备或者优质的用户体验服务，体育场馆可以吸引更多的消费者选择并长期使用。

在确定品牌定位时，体育场馆需要明确其独特卖点和核心价值。独特卖点

是体育场馆在市场上的显著特征和优势，可以是具有先进设施和技术的高端运动场地，也可以是提供专业化教练和个性化健身方案的服务优势。核心价值则是体育场馆所要传达和表达的核心理念和价值观，如健康、活力、社交和团队合作等。通过清晰地定义独特卖点和核心价值，体育场馆可以在市场竞争中凸显自己的优势和个性，吸引并留住目标消费者。

品牌定位不仅是产品或服务的市场定位，还涉及消费者对品牌的认知和情感连接。体育场馆可以通过品牌故事和文化传承，向消费者展示其独特的历史和发展路径，建立起与消费者的情感共鸣和信任关系。例如，某些体育场馆可能拥有悠久的历史和重要的文化遗产，可以通过品牌传承和文化活动来增强品牌的认知度和价值感受。

体育场馆的品牌定位还需要考虑到市场的变化和消费者行为的演变。随着社会经济的发展和科技的进步，消费者对体育场馆的需求和期待也在不断变化。体育场馆需要保持对市场趋势和消费者偏好的敏感度，及时调整和优化品牌定位策略，以适应市场的变化和需求的变迁。

（二）品牌视觉与形象

设计和统一品牌视觉形象对于体现品牌的独特性和专业性至关重要。品牌标识、颜色和视觉元素不仅是体育场馆视觉传播的核心，也是消费者对品牌的第一印象和记忆点。通过建筑设计和装饰，体现现代化和专业形象可以进一步强化品牌在消费者心中的地位和影响力。同时，利用品牌故事和历史背景，传递体育场馆的独特魅力和价值，可以增强消费者的情感共鸣和品牌认同感，从而提升体育场馆的整体体验和吸引力。

品牌标识、颜色和视觉元素的设计需要精心策划和统一规范，以确保在各种媒介和场合下都能够清晰地传达品牌的核心价值和特征。品牌标识作为品牌的核心识别符号，不仅要简洁明了，还要能够与品牌形象紧密结合，使消费者一眼就能联想到品牌的特定产品或服务。颜色在品牌视觉传播中也扮演着重要角色，不同的颜色能够传递不同的情感和信息，通过正确使用和组合，可以有效地引导消费者的视觉感知和情绪体验。视觉元素如图形、图案和排版风格等，通过统一的设计风格和视觉语言，能够增强品牌的辨识度和视觉冲击力，进而提升品牌在市场中的竞争力和吸引力。

建筑设计和装饰是体现现代化和专业形象的重要载体。体育场馆作为品牌的实体表现，其建筑风格和内部装饰直接影响着消费者的整体感知和体验。现代化的建筑设计可以体现品牌的创新性和未来导向，通过采用先进的建筑材料和技术，打造独特而具有标志性的建筑外观。专业化的内部装饰则可以根据品牌的定位和价值观进行设计，如利用品牌主题色彩和标识元素进行空间布局和装饰，以营造统一而具有品牌特色的氛围。通过建筑设计和装饰的现代化和专业化，体育场馆不仅可以提升品牌形象的视觉吸引力，还能够增强消费者对品牌的信任和好感度，进而促进品牌价值的传播和增值。

每个体育场馆都有其独特的发展历程和文化积淀，这些故事和背景不仅反映了体育场馆的历史沿革，还承载着丰富的文化内涵和社会价值。通过挖掘和宣传品牌故事，可以使消费者更深入地了解体育场馆的独特魅力和价值所在，建立起消费者与品牌之间的情感连接和认同感。例如，体育场馆可能有着悠久的运动传统或者曾经举办过重大赛事，这些历史事件和成就不仅可以成为品牌建设的重要资产,还能够为消费者提供身临其境的体验和情感共鸣,从而增强他们对体育场馆的归属感和忠诚度。

二、现代体育场馆市场营销宣传策略

(一)多渠道传播

在当今数字化和信息化快速发展的时代背景下,多渠道传播策略成为体育场馆扩大品牌影响力和覆盖受众的重要手段。通过整合社交媒体、网站和移动应用程序等数字平台,以及传统媒体渠道如电视、广播和报纸,体育场馆能够有效地提升品牌曝光度和消费者参与度。赛事、展览和社区活动等形式也是增强品牌曝光和互动的重要途径。下面将从数字平台和传统媒体的优势、多渠道传播的策略与实施,以及活动形式的选择和效果评估等方面详细探讨多渠道传播策略的实施。

数字平台如社交媒体、网站和移动应用程序具有即时性、互动性和广泛性的特点,能够快速传播信息并与消费者进行直接互动。社交媒体如微博、微信等,拥有庞大的用户基础和高度的用户参与度,通过发布品牌内容和与用户互动,可以有效增强品牌的曝光度和关注度。体育场馆通过自建网站和移动应用程序,不仅可以展示产品和服务,还可以提供个性化的用户体验和服务,增强用户黏性和忠诚度。

传统媒体包括电视、广播和报纸等,虽然受到数字化媒体的冲击,但仍然具有一定的优势和覆盖面。电视广告具有视觉冲击力强、受众群体广泛的特点,适合大规模宣传和品牌建设。广播广告虽然受到年轻消费者使用率下降的影响,但在特定市场仍然具有一定的影响力。报纸作为传统的信息传播媒介，尤其在特定行业和地域有着较高的读者覆盖率和影响力，适合于特定目标群体的精准定位。

多渠道传播的关键在于整合各种媒体平台和渠道，形成互补和协同的效果。体育场馆需要确定目标受众群体和传播目标，在此基础上选择合适的数字平台和传统媒体渠道。通过统一的品牌形象和内容策略，在不同的传播平台上进行有针对性的信息发布和传播，确保信息的一致性和效果的最大化。在实施多渠道传播策略时，数据分析和效果评估至关重要。通过对传播活动的数据收集和分析，可以了解不同媒体平台和渠道的传播效果和回报率，并及时调整和优化传播策略。例如，通过社交媒体平台的数据分析，可以了解用户的互动行为和反馈，从而优化内容的发布时间和形式；通过电视和广播广告的收视率和听众调查，可以评估广告的曝光效果和受众的覆盖度，为下一阶段的投放策略提供依据。

除了数字平台和传统媒体的传播方式外，赛事、展览和社区活动等形式也是增强品牌曝光度和参与度的重要途径。赛事作为集中展示品牌形象和产品的平台，不仅可以吸引大量观众和媒体关注，还能够通过赛事直播和社交媒体分享，扩大品牌的影响力和话题性。展览则提供了与消费者面对面交流和产品展示的机会，能够增强消费者对品牌的信任和好感度。社区活动则是与当地消费者建立良好关系和互动的重要方式，通过参与社区活动，体育场馆可以提升品牌在当地的知名度和美誉度。

针对不同的活动形式和传播渠道，体育场馆需要建立有效的效果评估体系。通过设定明确的传播目标和关键绩效指标，如品牌知名度、销售增长率和消费者满意度等，定期对传播活动进行评估和分析。根据评估结果，及时调整和优化传播策略，以确保活动的效果和投入的回报相匹配。

（二）社区参与与互动

在现代体育场馆的运营中，主办或参与当地社区的体育和文化活动，是增强与社区的联系和认同感的重要途径。通过积极参与社区活动，体育场馆不仅可以提升其在社区中的影响力和地位，还能够建立并维护良好的客户关系，提升顾客满意度和忠诚度，实现其持续的业务增长和发展。

体育场馆作为社区的重要组成部分，应当承担起促进社区文化和体育发展的责任和使命。通过组织和支持当地的体育比赛、文化展览、艺术表演等活动，体育场馆能够为社区居民提供丰富多彩的娱乐和文化选择，同时促进社区成员之间的交流和互动。

参与社区体育活动不仅能够增强体育场馆与社区居民之间的情感纽带，还能够提升其在社区中的品牌形象和知名度。例如，通过赞助本地学校和社区团体的体育比赛，体育场馆不仅可以提高其品牌曝光率，还能够与社区居民建立起长期稳定的合作关系，增强其在社区中的认同感和信任度。

除了体育活动，文化活动也是提升社区参与和互动的重要途径。体育场馆可以通过举办艺术展览、音乐会和戏剧表演等文化活动，吸引更多的社区居民和文化爱好者参与其中，丰富当地的文化生活，提升社区的整体文化水平和凝聚力。

在建立并维护良好的客户关系方面，体育场馆可以通过个性化和互动式的体验来吸引和留住顾客。例如，通过推出会员制度和专属会员活动，体育场馆可以为忠诚的顾客提供特别的福利和服务，增强其对体育场馆的归属感和忠诚度。利用现代技术手段，如移动应用程序和社交媒体平台，体育场馆可以与顾客建立起更为紧密和及时的沟通渠道，了解顾客的需求和反馈，及时调整和优化服务策略。

提升顾客满意度和忠诚度的关键在于为顾客提供超越期望的服务体验。体育场馆可以通过不断提升设施设备的品质和功能性，优化观赛体验和服务流程，为顾客营造舒适便捷的环境。同时，定期组织客户参与的反馈活动和满意度调查，了解顾客的意见和建议，及时改进和调整服务策略，提升服务的针对性和质量。

第三节 票务销售与渠道管理

一、现代体育场馆市场营销票务

（一）多样化门票设置

多样化的门票设置首先要考虑观众的消费能力和偏好。普通票通常是最基础的门票类型，价格适中，适合大多数观众的经济承受能力。通过合理的价格定位和区域划分，可以确保普通票的销售量和赛事的基础观众群体。

在普通票的基础上，VIP 票则是高端观众的选择。VIP 票通常价格较高，但提供更多的特权和豪华体验，如独立入场通道、特别座位、免费饮品和赛事周边礼品等。通过提供高品质的服务和独特的观赛体验，VIP 票不仅能够增加赛事的收入，还能够提升赛事的精品形象，吸引更多有购买力和追求高品质的观众。

除了普通票和 VIP 票外，包厢票是另一种常见的高级观赛体验选择。包厢通常设计为私密的观赛空间，配备舒适的座椅和高级的服务设施，如独立贵宾室、私人服务员、定制菜单等。包厢票不仅适合个人观众和家庭群体，还可以吸引企业和团体组织购买，作为商务交流和社交活动的理想场所。

在门票设置中，还可以考虑定制化服务和增值选项，以进一步满足特定观众群体的需求。例如，提供家庭套票、学生票或老年人优惠票等，针对不同年龄段和社会群体设置不同的价格和福利待遇，增强他们参与赛事的意愿和舒适度。

除了价格和服务的差异化外，门票设置还应考虑赛事的特点和独特卖点。不同类型的赛事可能具有不同的观赛需求和期待。例如，音乐会和演唱会可能更注重观众的音乐享受和视听效果，而体育赛事则更注重观众的互动体验和比赛节奏。在设置门票时，应根据赛事的特点和观众的需求，精确把握门票类型和定价策略。门票销售的成功还依赖于有效的营销和销售渠道。利用数字营销、社交媒体推广、线上销售平台等现代营销手段，可以扩大赛事的曝光度和观众的购票渠道，提高门票的销售率和赛事的知名度。

（二）建立电子票务系统

随着信息技术的迅速发展和智能手机的普及，电子票务系统在体育场馆中的应用变得越来越普遍和重要。传统的实体票务系统面临着购票效率低、排队时间长、票务管理复杂等问题，而电子票务系统通过在线平台和移动应用程序，极大地简化了购票流程，提升了用户的购票体验和满意度。

电子票务系统允许顾客在任何时间和地点通过互联网或移动设备进行票务购买。无论是提前几周还是临场购票，顾客都可以方便地访问体育场馆的官方网站或相关应用程序，查看座位图、选择座位，并完成支付。这种便利性不仅节省了顾客的时间和精力，也提升了购票的效率，降低了购票过程中可能出现的问题和误解。电子票务系统通过实现电子支付功能，大大简化了支付流程，提升了支付的安全性和便利性。顾客可以选择使用信用卡、支付宝、微信支付等多种支付方式，完成购票并获得电子票务信息，避免了传统纸质票务带来的遗失和管理成本。

引入先进的电子票务系统不仅仅是简单的技术应用，更是对用户体验的全面升级。现代的电子票务系统不仅能够实现基本的选座购票和支付功能，还可以通过技术创新提升用户的参与感和体验度。智能化的座位选择和票务管理系统可以根据顾客的需求和偏好推荐最佳座位，提升了顾客的购票决策效率和满意度。通过实时更新的座位图和实景展示，顾客可以清楚地了解每个座位的位置、视角和价值，从而做出更加理性和满意的选择。

电子票务系统还能够通过数据分析和用户反馈实现个性化的服务和营销策略。通过分析顾客的购票习惯、偏好和历史数据，体育场馆可以精准地推送个性化的促销信息和增值服务，如特别座位升级、赛事套票组合等，增强顾客的参与感和忠诚度。

除了顾客体验的提升，电子票务系统还能有效管理和优化票务的整个生命周期，提升了体育场馆的运营效率和管理水平。传统的纸质票务管理存在票务售卖、退换票、入场验证等环节的烦琐和可能的错误，而电子票务系统通过自动化和数据化管理，有效降低了人工成本和操作风险。

电子票务系统可以实现实时票务数据的收集、分析和管理。管理者可以随时监控票务销售情况、座位利用率和票务流动情况，为决策提供实时的数据支持和市场反馈。这种数据驱动的管理方式不仅提升了决策的准确性和时效性，还能够及时调整票务定价策略和促销活动，以最大化提高收益和顾客满意度。电子票务系统通过智能化的入场验证和安全控制，提升了场馆的安全性和服务水平。通过扫码入场或人脸识别等先进技术，有效防止了假票和非法入场，提升了观众入场的效率和体验。

尽管电子票务系统带来了诸多优势和机遇，但其发展也面临着一些挑战和限制。首先是技术安全和稳定性的保障。电子票务系统需要保证系统的安全性和稳定性，避免因技术故障或网络攻击而导致的票务管理混乱和服务中断。其次是用户隐私保护和数据安全的问题。场馆在收集和使用顾客个人信息时，需要严格遵守相关法律法规，保障用户的隐私权和数据安全。

（三）售后支持机制

在体育场馆和赛事管理中，建立完善的售后支持机制对于提升观众体验和赛事运营效率至关重要。售后支持不仅关乎消费者的满意度，还直接影响到场馆的声誉和市场形象。通过制定有效的退换票政策、建立客服热线和提供在线客服支持，体育场馆可以及时解决观众在购票和入场过程中遇到的问题，增强服务的可及性和便捷性。

退换票政策是体育场馆售后支持的重要组成部分，直接影响消费者在购票决策中的信任和便利性。良好的退换票政策不仅能够保障消费者的权益，还能够提升消费者对体育场馆的满意度和忠诚度。例如，对于因个人原因无法观看赛事的消费者，提供灵活的退换票政策可以减少其购票时的顾虑，增强其对场馆的好感度和信任度。针对因赛事延期或取消引起观众需求退换票的情况，场馆应当建立明确的退款流程和时间安排，以便快速响应并解决观众的问题，避免因此产生负面口碑和消费者纠纷。

客服热线是体育场馆售后支持的重要通信工具，能够为消费者提供即时、直接的问题解答和服务支持。建立高效的客服热线，包括在赛前、赛中和赛后不同时间段提供服务，可以有效地提升观众的服务体验和满意度。例如，在赛前通过电话或短信提醒观众赛事信息和入场须知,避免因信息不对称而产生的观众投诉和疑虑;在赛中及时响应观众的入场问题、座位安排调整及其他紧急情况,保障观众的安全和观赛体验;赛后收集观众的反馈意见和投诉建议,及时进行问题处理和服务改进,以提升场馆运营效率和管理水平。

随着互联网和智能手机的普及,在线客服支持成为越来越受欢迎的服务形式,能够为消费者提供便捷和即时的沟通途径。体育场馆可以通过建立专业的在线客服团队,提供 24 小时全天候的在线服务支持,包括通过网站、社交媒体平台和移动应用程序等多渠道进行问题解答和服务指导。例如,在线客服团队可以及时处理消费者的购票问题、座位调整请求及其他相关咨询,提供个性化的解决方案和专业化的服务建议,增强消费者对场馆的满意度和信任感。

为了进一步提升售后支持的效率和服务水平,体育场馆可以借助技术化和智能化手段进行创新和改进。例如,引入智能客服机器人和人工智能系统,能够实现对常见问题的自动化处理和快速响应,减少人工成本和提升服务效率。结合大数据和数据分析技术,体育场馆可以实时监控和分析消费者的服务需求和行为模式,精准预测观众的需求趋势和服务瓶颈,及时调整和优化售后支持策略,提升服务的个性化和定制化水平。

建立科学的售后支持机制管理体系和绩效评估体系,对售后支持的各项服务指标进行定期评估和持续改进。例如,制定清晰的服务质量标准和响应时间要求,建立消费者满意度调查和服务投诉处理机制,及时收集和分析消费者的反馈意见,发现问题并及时改进。通过引入客户关系管理系统和服务质量管理工具,能够有效监控和管理售后支持服务的执行情况和效果,确保服务质量和消费者体验的持续提升。

二、现代体育场馆市场营销渠道管理

（一）实体售票点

在体育赛事和活动的组织中，门票销售是一个重要的环节。传统的实体售票点通过提供现场购票服务，能够为那些偏好直接办理购票事务的观众提供便利。这些观众可能因为对电子购票系统不熟悉，或者出于便利性和信任度的考虑，更倾向于选择在实体售票点直接购买门票。设立实体售票点不仅能够拓展观众群体，增加销售渠道，还能提升体育场馆的品牌形象和服务质量。

除了为观众提供购票便利外，实体售票点还具有其他重要的功能和意义。实体售票点可以成为体育场馆与当地社区和商业伙伴合作的一种形式，通过合作伙伴关系建立在场馆周边的售票点，不仅能够提高体育场馆的品牌曝光度和知名度，还能促进地方经济的发展，形成良性的产业生态系统。实体售票点的设立还可以提升体育场馆的客户服务水平和用户体验。观众在实体售票点购票时，可以得到现场工作人员的指导和帮助，解答购票过程中可能遇到的问题，提升购票的便捷性和满意度。

实体售票点的运营管理也需要充分考虑到技术支持和安全管理等方面。尽管电子票务系统逐渐普及，但实体售票点的设立和运营仍需依托先进的信息技术支持，确保票务操作的高效性和准确性。体育场馆可以通过引入智能化的票务管理系统和数据分析工具，优化实体售票点的运营流程，提升服务效率和用户体验，从而在市场竞争中保持竞争优势。

（二）线上销售平台

主流票务网站如大麦网和猫眼票务在当今市场中扮演着不可或缺的角色。这些平台通过强大的线上销售系统和广泛的线下服务网络，为消费者提供便捷的票务购买体验和全面的售后服务支持。对于体育场馆而言，与这些主流票务网站合作，不仅可以借助其强大的品牌影响力和市场资源，还能够通过平台的大数据分析和精准营销功能，深入了解和把握目标观众群体的消费习惯和偏好，从而制定更加精准和有效的票务销售策略。

在与主流票务网站合作的过程中，体育场馆需要考虑多个关键因素以确保合作的顺利进行和最终的销售效果。合作协议的制定需要明确双方的权利和责任，包括票务分配、销售分成、售后服务等方面的具体规定。体育场馆需要与票务平台密切沟通和协调，及时更新票务信息、调整销售策略，以应对市场变化和观众需求的动态调整。体育场馆还应充分利用票务平台提供的营销工具和推广资源，通过线上广告、社交媒体推广等方式，扩大活动的曝光度和知名度，吸引更多潜在观众的关注和参与。

通过与主流票务网站的紧密合作，体育场馆不仅可以实现票务销售渠道的多元化和扩展，还能够借助平台的技术和服务优势，提升票务销售的效率和用户体验。例如，这些票务平台通常拥有强大的数据分析能力，能够为体育场馆提供详尽的销售报表和用户行为分析，帮助体育场馆更好地理解观众的购票行为和市场需求，优化票务销售策略和活动安排。

（三）市场调研与反馈

市场调研的方法多样，可以通过定量和定性研究相结合的方式获取全面的市场信息。定量研究通常采用问卷调查、统计分析等量化手段，能够快速收集大量数据，如消费者的购买行为、偏好和消费习惯等。定性研究则通过深度访谈、焦点小组讨论等方式，探索消费者背后的动机、态度和情感，帮助体育场馆深入理解市场需求和趋势。

市场调研对体育场馆至关重要，它不仅能够帮助体育场馆了解市场的实际情况和竞争态势，还能够识别出市场的机会和挑战。通过市场调研，体育场馆可以准确地把握消费者的需求变化，及时调整产品设计和服务策略，提升市场反应速度和竞争优势。市场调研还能帮助体育场馆优化资源配置，提高市场投资的效益和回报率。

获取观众反馈可以通过多种途径进行，包括但不限于以下几种方式：第一，直接面对面的沟通和反馈收集，如通过客户服务中心、售后服务团队等渠道获取消费者的意见和建议。第二，利用数字化平台和社交媒体进行在线调查和观众投票，通过网络问卷和社交媒体平台的互动功能，快速收集大量用户反馈。第三，举办客户座谈会或焦点小组讨论，直接与消费者进行深入交流和反馈收集，探索消费者的期望和需求。

获取观众反馈对体育场馆具有重要意义。观众反馈能够直接反映消费者对产品和服务是否满意，帮助体育场馆及时发现和解决问题，改进体育产品设计和服务质量。观众反馈还能够提供宝贵的市场信息和竞争情报，帮助体育场馆洞察市场趋势和竞争对手的动态，制定更加有效的市场战略和销售策略。总之，通过获取观众反馈，体育场馆能够实现与消费者更加紧密的互动和沟通，建立起良好的品牌声誉和客户关系。

基于市场调研和观众反馈，调整销售策略和渠道管理方式需要经过以下步骤：第一，分析市场调研和观众反馈的数据，识别出关键问题和改进点。第二，制定具体的调整方案和实施计划，包括产品定位的调整、销售渠道的优化和市场推广策略的调整等。第三，实施调整方案并进行监测和评估，通过实时数据分析和市场反馈，及时调整和优化策略的执行效果。效果评估是调整销售策略和渠道管理方式的关键环节。通过设定明确的绩效指标和评估标准，如销售增长率、市场份额的提升、客户满意度的改善等，对调整策略的效果进行定量和定性分析。同时，持续监测市场动态和竞争态势，及时调整和优化销售策略，确保体育场馆在市场竞争中保持领先地位和持续增长。

第四节 赞助商招募与权益保护

一、现代体育场馆市场营销的赞助商招募

(一)市场分析和定位

在进行市场分析时,首先需要详细研究目标市场的特点和消费者行为。现代体育场馆的目标市场涵盖广泛的群体,包括体育爱好者、家庭观众、企业客户以及文化和娱乐活动的参与者。了解这些不同群体的特点和需求,可以帮助体育场馆精确地定位其市场和目标客户群体。例如,体育爱好者通常对运动项目的多样性和专业性较为关注,他们希望体验到高水平的比赛和优质的训练设施;家庭观众则更注重场馆的安全性和家庭友好型设计,希望能够为全家人提供愉悦的休闲体验;而企业客户则更看重场馆的会议和活动承办能力,希望能够在体育场馆举办企业活动和员工培训。通过市场调研和消费者分析,体育场馆可以识别出不同客户群体的需求和偏好,从而调整和优化自身的产品和服务,提升市场竞争力和吸引力。

除了目标客户群体,赞助商的选择和偏好也是体育场馆成功营销的重要因素之一。赞助商通常希望通过赞助体育场馆来提升其品牌曝光度、增强品牌认知度,并与目标客户群体建立积极的关联。了解赞助商的偏好和行业趋势,对于体育场馆制定精准的赞助策略至关重要。在当前的市场环境中,赞助商越来越注重赞助活动的品牌整合和市场影响力。他们希望与体育场馆建立长期稳定

的合作关系，通过赞助活动和品牌合作来扩展市场份额和影响力。随着数字化和社交媒体的发展，赞助商也越来越关注活动的社交媒体传播效果和数据分析能力，希望能够通过赞助活动获取有效的市场反馈和品牌推广效果。体育场馆可以通过分析行业趋势和赞助商的行为特征，为不同类型的赞助商量身定制赞助方案。例如，对于注重品牌曝光和社交媒体影响力的赞助商，可以提供定制化的社交媒体推广方案和数据分析报告；对于注重品牌整合和市场影响力的赞助商，则可以提供多维度的品牌合作和活动营销策略。

基于对目标市场和赞助商的深入分析，体育场馆可以制定精准的目标客户和赞助商群体。精准定位能够帮助体育场馆集中资源和精力，有效地开展市场营销活动和赞助招募工作，提升活动的效益和市场影响力。例如，针对不同的目标客户群体，体育场馆可以设计不同类型的营销活动和服务项目。对于体育爱好者，可以推出专业化的比赛和培训项目；对于家庭观众，可以提供家庭友好型的娱乐活动和票务套餐；对于企业客户，可以提供会议和活动承办服务。对赞助商而言，体育场馆可以根据其品牌定位和市场需求，量身定制赞助方案和合作机会。通过建立长期稳定的赞助关系，体育场馆可以为赞助商提供持续的品牌推广和市场回报，同时实现双方的共赢局面。

（二）赞助方案设计

赞助方案的设计首先需要深入了解赞助商的品牌定位和市场目标。不同的赞助商可能具有不同的市场定位和战略目标，例如，某些赞助商可能希望通过赛事赞助提升品牌知名度和影响力，而另一些赞助商可能更关注通过赛事活动直接促进产品销售和市场份额的增长。赞助方案应根据赞助商的具体需求和目标量身定制，以确保赞助合作能够实现双方的长期战略利益。

在设计赞助方案时，提供多样化的赞助机会是关键策略之一。不同层次和形式的赞助机会能够吸引更广泛的赞助商群体，满足不同赞助预算和市场策略的需求。例如，高端赞助机会可以包括赛事命名权、主场馆广告牌露出、主题活动赞助等，这些机会通常伴随着较高的曝光度和品牌认知度的提升。而中低端赞助机会则可以包括赞助赛事特定项目、赞助区域性广告位、提供赛事周边活动的合作机会等，这些机会虽然曝光度较低，但通常能够通过更具体的目标受众群体实现更精准的市场推广效果。

赞助方案的个性化设计也需要考虑赞助商的行业背景和相关利益。例如，某些赞助商可能属于特定行业，如体育用品、汽车、食品饮料等，他们希望通过赞助体育赛事来增强品牌在目标市场的影响力和市场份额。赞助方案可以通过在赛事中设置相关展示区域、赞助产品体验区、品牌推广活动等方式，为赞助商提供直接触达目标消费者的机会，加强产品和品牌的市场认知度和消费者忠诚度。

除了直接的品牌曝光和市场推广机会外，赞助方案还可以考虑赞助商的长期合作和战略合作机会。例如，通过建立长期赞助合作关系，赞助商可以获得赛事组织者的优先合作权、定制化的市场推广支持、赛事数据分析和效果评估服务等增值服务，进一步提升赞助的价值和回报。这种长期合作的模式不仅能够增强赞助商的品牌影响力，还能够确保赛事组织者在赞助市场中的稳定性和竞争优势。

在赞助方案设计的过程中，赛事组织者还应考虑赞助效果的评估和监控机制。通过建立有效的赞助效果评估指标和数据分析体系，可以及时评估赞助活动的市场影响力和品牌效益，帮助赞助商量化赞助投资的回报率，进一步增强赞助合作的可持续性和长期性。

二、现代体育场馆市场营销的权益保护

（一）合同条款和法律保护

知识产权是赞助合同中一个重要且敏感的议题，涉及赞助商的品牌权益和赛事主办方的合法使用问题。在合同中，需要明确规定赞助商对其品牌和商标的所有权及使用方式，确保主办方在赞助活动中的品牌展示和推广活动符合赞助商的授权和期望。例如，赞助商可能希望其商标在赛事中显著展示，以增强品牌曝光度和市场影响力。合同应详细规定商标的使用方式、展示位置和时间，避免因未经授权的商标使用而引发的知识产权纠纷和法律风险。

赞助合同需要清晰规定双方在知识产权方面的权利和义务，包括赞助商对其创作作品的所有权及使用权限，以及主办方在活动和营销中对这些作品的合法使用方式和期限。通过明确这些条款，可以有效避免知识产权纠纷的发生，保护双方的合法权益和商业利益。

赞助合同中的品牌使用权是另一个关键性的议题，直接关系到赞助商在赛事中品牌形象的展示和推广效果。为了确保赞助商能够充分利用赞助活动增强品牌曝光度和市场认知度，合同中需要详细规定品牌使用的具体范围和方式。例如，赞助商可能希望其品牌名称、商标和标志在赛事宣传、广告和现场装饰中得到广泛展示，以达到品牌推广和市场营销的目的。主办方则需确保在合同约定的范围

内合理使用赞助商的品牌，避免超出授权范围或未经允许的品牌使用行为。

品牌使用权的约定还需考虑到赞助商对品牌形象和品牌一致性的管理要求。赞助商通常会要求主办方在品牌使用过程中遵循特定的品牌指南和形象标准，确保品牌展示的一致性和高质量。合同中应明确规定品牌使用的具体要求和管理措施，包括品牌审批流程、品牌标准的执行和品牌使用的监督与评估机制，以确保赞助商的品牌形象得到有效管理和保护。

在赞助合同中，违约责任和法律责任的约定是保障合同履行和保护合同权益的重要保障措施。合同应明确规定各方在合同履行过程中可能涉及的违约行为及其后果，以及因违约行为而导致的赔偿责任和法律责任问题。例如，赞助商未按时支付赞助费用或主办方未履行合同约定的品牌使用和宣传义务，都可能构成合同违约行为，需要明确规定违约责任和赔偿金的具体数额及支付方式。合同还需考虑到因不可抗力或其他不可预见的情况而导致的合同无法履行问题。合同当事人可以在法律条款中规定解除合同的条件和程序，以及双方在解除合同后的权利和义务安排，避免因不可抗力事件而引发的法律争议和合同纠纷。

（二）品牌保护和授权管理

在体育赛事和活动中，赞助商的品牌曝光通过赞助协议和合同得到明确规定和安排。体育场馆作为主办方，有责任确保赞助商的品牌在活动中得到充分的展示和宣传，以达到双方预期的市场推广效果。品牌保护不仅涉及品牌的视觉展示和标识使用，还包括对品牌形象和声誉的保护，避免因不当使用或误导性宣传而导致的负面影响。

赞助权益通常涵盖了赞助商在活动中使用其品牌标识、名称、产品和服务的权利，以及与活动相关的市场推广和宣传活动。体育场馆需要明确规定和监控赞助商可以使用的权益范围和方式，确保其在活动中的各种行为符合协议约定，并且不违反法律法规或涉及侵权行为。通过有效的授权管理，体育场馆可以有效防范未经授权的商业行为，维护赞助商的权益和品牌形象，保障赞助合作的持续性和稳定性。

第六章　现代体育场馆多元化经营

第一节　非赛事活动的策划与实施

一、现代体育场馆非赛事活动的策划

（一）资源调配与预算规划

资源调配在活动策划和实施中具有关键性意义。活动策划团队是活动成功的核心驱动力，他们负责从活动创意的提出、场地选择、参与者招募到活动实施的每一个环节。合理分配策划团队的组成和职责，对于确保每个环节的顺利进行至关重要。例如，活动策划团队通常包括项目经理、营销专家、活动协调员、财务管理人员等不同专业背景的成员，他们共同协作，确保活动在各个方面都能够得到充分考虑和有效执行。

资源调配还涉及执行人员的合理分配和管理。执行人员直接参与活动的实施和运营，他们的专业能力和工作效率直接影响活动的质量和效果。场馆管理需要根据活动的规模和特点，合理安排执行人员的工作任务和责任分工，确保每个人员在活动中能够充分发挥自己的能力和专长。例如，对于大型活动可能

需要安排安保人员、票务管理人员、现场服务人员等不同岗位的人员，通过有效的培训和协作，保证活动安全和服务的高效进行。

详细的活动预算规划是实现成本控制和财务可控的重要保障。活动预算涵盖了各种活动筹备和实施过程中可能涉及的所有支出，包括但不限于场地租赁费、设备租用费、人员费用、营销和推广费用等。通过制订详细的预算计划，场馆管理人员可以精确估算活动所需资金，并合理分配各项支出，避免因资金不足或支出超支而影响活动的正常进行。

有效的预算规划不仅涉及支出的详细列示，还需要考虑到资金来源、资金使用期限和支付方式等方面的管理。例如，可以通过与财务部门或合作伙伴的有效沟通和协调，确保预算中各项支出的审批和资金支付按时到位，避免资金瓶颈影响活动的进度和质量。还可以通过建立严格的财务管理制度和实施细则，监控和评估预算执行过程中的资金流动和支出情况，及时调整预算计划，确保资金的有效利用和活动成本的控制在可接受范围内。

资源调配与预算规划的成功实施离不开全员参与和团队协作。活动策划和管理需要各部门之间的紧密合作和沟通，确保各项资源和资金的合理利用，最大限度地发挥团队的协同效应。通过建立开放和高效的沟通渠道，鼓励团队成员积极参与资源调配和预算规划的过程，共同解决问题、优化流程，提升整体活动管理的效率和质量。

（二）目标与主题确定

非赛事活动在现代体育场馆管理中扮演着重要角色。不同于传统的比赛或表演，这些活动旨在通过多样化的形式，如增加场馆利用率、提升品牌形象或促进社区互动,来丰富场馆的功能性和吸引力。设计一场成功的非赛事活动,不仅要考虑到场馆的特色和观众的喜好,还需要精准定位目标参与群体,以确保活动内容和推广策略的有效性和适应性。

确定非赛事活动的具体目的是策划过程中的关键一步。例如,场馆管理者可能希望通过这些活动增加场馆利用率,尤其是在非繁忙时段;或者希望借助活动提升场馆的品牌形象,使其成为社区的重要文化地标;抑或是通过活动促进社区居民之间的互动和社会融合。这些目标不仅指导着活动内容的选择,还直接影响着活动成功的衡量标准。

活动的主题应当与场馆的特色和观众的喜好相契合。例如,一座位于文化艺术中心的体育馆可能选择举办艺术与运动结合的活动,吸引那些既关心健康运动又热爱艺术表现的观众;而一座靠近商业区的体育馆则可以考虑举办与商业活动或企业家精神相关的主题活动,以提升品牌形象和商业价值。

针对不同的场馆和活动目标,选择合适的目标参与群体至关重要。这可能包括学生、家长、社区居民或特定行业人群等。通过精准定位目标群体,可以更好地定制活动内容和推广策略,从而提高活动的吸引力和参与度。例如,面向学生的活动可以结合教育资源和健康运动,以增强教育性和互动性;而面向社区居民的活动则可以设计成适合各个年龄段参与的家庭亲子活动,增强家庭社区的凝聚力和活力。

(三)时间安排与流程设计

活动的成功与否常常取决于时间安排的合理性和执行流程的严谨性。下面将探讨如何根据场馆和参与者的时间安排,选择最佳的活动举办时间,以确保最大化参与率。同时,将重点制定详细的活动执行流程,包括安全措施、应急预案和现场管理,以保障参与者和工作人员的安全。策划丰富多样的节目和互动环节,提升活动的趣味性和参与度,满足不同人群的需求和期待。

活动的时间选择直接影响到参与者的到场率和参与度。首先需要考虑场馆的开放时间和预订情况,结合目标参与者的工作日程和日常活动,选择最佳的活动举办时间。例如,在周末或节假日举办活动通常能够吸引更多人参与,因为这时候大多数人有更多的空闲时间和参与活动的意愿。

详细的活动执行流程设计是确保活动顺利进行的关键。需要明确各项活动准备工作的时间节点和责任人,确保每个环节都能按时完成。要制定安全措施,包括但不限于场地安全检查、紧急救援设施设置以及参与者安全指导。在活动进行中,应设置现场管理团队,负责协调各项活动和应对突发事件,保障现场秩序和参与者的安全。

活动安全是任何大型活动的重中之重。应提前制定详细的安全措施和应急预案,以应对各种可能发生的意外情况。安全措施可以包括现场消防设备的检查与备用、参与者身体状况的预先筛查以及突发事件的紧急响应流程。应急预案则应包括人员疏散计划、医疗救援团队的调度安排以及与相关部门的紧急联络方式。

为了提升活动的趣味性和参与度,需要精心策划丰富多样的节目和互动环节。这些节目可以根据参与者的年龄段、兴趣爱好和文化背景来设计,确保能够吸引不同人群的注意力和参与热情。例如,可以设置团体游戏、文化表演或主题讲座等互动项目,使参与者在活动中获得更多的乐趣和参与感。

二、现代体育场馆非赛事活动的实施

(一) 推广与营销

在现代社会中,推广与营销策略的有效实施对于活动的成功举办至关重要。利用社交媒体、官方网站、电子邮件和传统媒体等多种渠道,广泛宣传活动信息是吸引目标群体的首要步骤。社交媒体作为信息传播的主要平台,为活动的推广提供了无限的可能性。通过精心设计的内容和有吸引力的视觉元素,能够迅速吸引大量目标受众的关注。例如,定期发布关于活动背景、亮点和参与方式的内容,可以有效增强活动的曝光率。结合官方网站的运营,确保信息的实时更新和用户体验的持续优化,能够提升参与者的注册率和参与率。

针对不同的目标群体制定个性化的营销策略是推广活动的关键。通过市场调研和数据分析,深入了解目标受众的兴趣和行为习惯,有助于精准定位和有效传播活动信息。例如,对于年轻人群体,可以通过短视频和互动式内容增强吸引力;对于专业人士,则可以通过行业论坛和专家访谈建立权威性和信任度。这些个性化的营销策略不仅能提高活动的知名度,还能增加目标受众的参与率和互动度。

除了直接的推广手段,借助参与者和观众的口碑传播和社群互动,也是扩大活动影响力的有效途径。积极引导参与者在社交媒体上分享活动体验和观点,通过用户生成内容增强活动的社交影响力。例如,设置有奖互动环节或用户分享的促销活动,不仅能激发参与者的参与热情,还能扩大活动的社群影响力,形成持续的互动效应。

在传统媒体的运用上,尽管数字化媒体日益兴起,但传统媒体仍然具有不可替代的宣传效果。通过合作伙伴关系或付费广告,在主流媒体如报纸、电视和广播上投放广告,能够覆盖更广泛的受众群体,尤其是老年和地区性受众。综合利用多种媒体渠道,不仅能够提高活动的整体曝光率,还能在不同的受众群体中形成良好的品牌认知和影响力。

(二)参与体验和满意度调查

实时收集反馈数据并及时调整活动进程和细节,对于优化活动效果和参与感受至关重要。现代技术提供了多种实时反馈工具和平台,如移动应用程序、在线调查工具等,可以帮助策划团队及时了解参与者的反馈意见和建议。通过分析实时数据,可以快速识别并解决活动过程中的问题,如调整活动流程、优化服务安排或增加互动环节,从而提升参与者的整体体验和满意度。

结束活动后进行总结和回顾,是深入分析活动成功因素和改进空间的重要环节。在活动结束后,策划团队应当及时召开总结会议或评估会议,回顾活动执行过程中的各个环节和关键节点。通过收集和整理参与者反馈、分析活动数据和统计结果,可以识别出活动的成功因素和优点,同时也能够发现需要改进和优化的方面。这些分析和总结结果不仅可以为未来活动的策划提供宝贵的经验借鉴,还能够帮助策划团队不断提升活动执行的专业水平和效果。

(三)社会责任和可持续发展

环保不仅仅是回应社会和政府对环境保护的要求,更是体育场馆积极履行社会责任的体现。例如,通过采用环保材料和技术,减少活动中的废物产生和资源消耗，可以有效降低活动对环境的负面影响。通过推广和实施节能措施，如合理使用能源和优化能源利用，体育场馆能够在活动中实现能源消耗的最小化，从而减少对环境的压力，推动绿色发展理念在实际操作中的落地和实现。

社区需求和反馈在活动策划和实施中的融入，对于构建具有社会影响力的活动至关重要。社区居民作为活动的直接参与者和受益者，其需求和反馈反映了活动的实际效果和影响力。体育场馆在策划活动时应当积极倾听和理解社区的声音，从社区的角度出发，设计和定位活动的内容和形式，以确保活动能够真正满足社区的需求，并带来积极的社会影响。

强调活动对社会公益和文化建设的贡献，是体育场馆树立积极社会形象和提升品牌认可度的重要途径。通过在活动中强调和展示体育场馆对社会的积极贡献，如支持教育事业、推广文化艺术、提升社区生活质量等方面的努力，体育场馆能够赢得公众和社会的尊重和信任。这种正面的品牌形象不仅有助于提升体育场馆的市场竞争力，还能够为体育场馆在社会可持续发展领域树立标杆和榜样，引领行业的发展和变革。

第二节　商业空间的开发与利用

一、现代体育场馆商业空间

（一）空间规划与设计

在商业空间的设计中，首要考虑的是灵活性和多功能性。通过合理的空间规划和设计，商业空间可以轻松适应不同类型的活动，如零售展示、社交聚会、教育培训或文化活动。例如，采用可移动的隔断或多功能家具，能够根据需要快速调整空间布局，提供灵活的使用场景。合理配置公共区域和私密空间，能够有效平衡用户的个人需求和社交体验，增强空间的互动性和吸引力。

优化商业空间的流线布局是提升用户体验和流动性的关键策略。通过分析用户流动路径和活动习惯，设计出便捷且流畅的空间布局，能够降低用户的等待时间和行走距离，提升整体的空间效率和舒适度。例如，在商业空间中设置明确的导航标识和引导线路，能够帮助用户快速找到目标区域，并促进空间内的自然流动。

在选择建筑材料和技术时，应当结合节能环保的原则，以降低运营成本和减少对环境的影响。例如，选用能有效隔热和保温的建筑材料，优化空间的能源利用效率；引入智能化的照明和空调系统，根据实际使用需求进行智能调节，节约能源的同时提升用户的舒适感。考虑材料的可持续性和再利用性，能够延长商业空间的使用寿命并减少资源的浪费。

（二）租赁与合作伙伴关系

商业空间的运营和发展不仅仅依赖于地理位置和建筑物的设计，更重要的是如何通过灵活的租赁政策和有效的合作伙伴关系，吸引多样化的商业租户和活动主办方。下面将探讨如何制定租赁政策和合同条款，以及与知名品牌或本地商家的合作，从而丰富商业空间的业态和服务内容，实现长期稳定的租户和合作伙伴关系，促进商业空间的持续发展和运营。

在吸引多样化商业租户和活动主办方等方面，灵活的租赁政策和合同条款起着至关重要的作用。租赁政策应根据市场需求和商业空间的定位，设置不同的租金标准和租期选择，以满足不同商家和活动的需求。例如，为了吸引初创企业和短期活动，可以提供短租期和灵活的租金支付方式，降低他们的起步成本和经营风险。与此同时，对于长期稳定的大型商户，可以考虑签订长期合作协议，并提供相应的租金优惠和服务支持，以保持其在商业空间的长期驻留和稳定经营。合同条款应明确商业租户和活动主办方的权利和义务，包括对商业空间的使用规定、装修要求、服务支持、安全管理等方面的详细规定。通过精心设计的合同条款，可以有效降低双方的法律风险，保障商业空间的安全和秩序，同时提升商户和活动主办方的满意度和忠诚度，促进长期合作关系的建立和维护。

除了制定良好的租赁政策和合同条款，与知名品牌或本地商家的合作也是丰富商业空间业态和服务内容的重要途径之一。通过与知名品牌的合作，商业空间不仅可以引入具有影响力和吸引力的新业态，还能提升整体的品牌价值和市场形象。例如，与国际连锁品牌合作开设旗舰店或主题体验馆，不仅能够吸引更多消费者和游客，还能为商业空间带来稳定的租金收入和品牌溢价效应。

与本地商家的合作同样重要，特别是在提供本地特色服务和文化体验方面。通过与当地知名餐饮品牌、艺术和文化机构的合作，商业空间可以丰富其业态结构，满足消费者多样化的需求和兴趣，打造具有地方特色和社区认同感的商业场所。这种合作不仅能够增加商业空间的吸引力和竞争优势，还能够促进地方经济的发展和社会资源的共享利用，实现共赢局面。

为了实现商业空间的长期发展和运营，建立长期稳定的租户和合作伙伴关系尤为重要。长期稳定的租户不仅能够为商业空间带来稳定的租金收入，还能够增强商业空间的品牌忠诚度和市场影响力。商业空间运营者应该通过定期沟通和关怀服务，积极倾听租户的需求和反馈，及时解决问题和调整服务策略，以提升租户满意度和保持长期合作关系的稳定性。积极发展合作伙伴关系也是推动商业空间持续发展的重要手段。与合作伙伴共同开展市场推广活动、举办主题活动和跨界合作项目，不仅能够扩大商业空间的影响力和曝光度，还能够吸引更多的消费者和客户群体，推动商业空间的业务增长和收益提升。

二、现代体育场馆的开发与利用

（一）活动与体验营销

活动与体验营销是现代商业中不可或缺的重要组成部分。通过定期举办体育赛事、文化展览、演艺表演等多样化活动，体育场馆不仅可以吸引不同背景和兴趣的观众，还能够通过提供互动体验和个性化服务，增强顾客的参与感和品牌的亲和力。下面将探讨如何根据活动需求和主题定制场地和服务，以提升活动效果和用户满意度的策略和实践。

在现代商业运营中，定期举办多样化的活动是吸引顾客和观众的重要手段之一。体育赛事、文化展览、演艺表演等不同类型的活动，不仅可以丰富场馆的内容和氛围，还能够吸引具有不同兴趣和喜好的观众群体。例如，通过安排定期举办的体育赛事，可以吸引运动爱好者和观众前来参与和观看比赛，增强体育场馆的活力和社区互动性。同时，举办文化展览和演艺表演，则可以为文化爱好者和艺术观众提供交流和展示的平台，丰富其社交和文化体验。

除了丰富多样的活动类型外，提供互动体验和个性化服务也是吸引顾客参与和提升品牌亲和力的关键因素。在活动策划和执行过程中，体育场馆可以结合活动的主题和参与者的需求，设计并提供具有个性化特色的服务。例如，在体育赛事中，可以设置互动体验区域，让观众参与各种体育挑战和互动游戏，增强其参与感和体验的深度。对于文化展览和演艺表演，可以提供专属导览服务或背景介绍，帮助观众更好地理解和欣赏展览内容和表演艺术，提升其参与度和沉浸感。

在活动的策划和组织过程中，根据活动的需求和主题定制场地和服务是确保活动效果和用户满意度的重要步骤。体育场馆应根据活动类型和规模，选择适合的场地和空间布局，以保证活动的顺利进行和观众的舒适体验。例如，对于大型演艺表演，需要考虑舞台设置、音响灯光设施和观众座位布置等方面的安排，以最大化表演效果和观众的视听享受。针对不同类型的活动参与者，体育场馆还应提供相应的便利设施和服务，如停车场、票务服务、餐饮供应等，以满足观众在活动期间的各种需求和期待。

（二）零售与餐饮业态

设计吸引人的零售区域需要考虑到空间布局和产品展示的吸引力。通过合理的陈列和装饰设计，能够吸引顾客的注意力并增加他们的购买欲望。例如，采用明亮而舒适的照明系统，结合美观的陈列架和展示柜，能够突出产品的特色和品牌形象，提升购物体验。考虑到不同产品的展示需求和客户流量的分布，优化空间布局，使顾客可以轻松浏览和购买商品，是提升零售区域吸引力的有效策略。

多样化的餐饮选择是增加商业空间活力和吸引力的重要组成部分。从餐厅、咖啡馆到快餐店，提供多种餐饮形式能够满足不同顾客群体的口味和用餐需求。例如，设立氛围舒适的餐厅，提供正餐和家庭聚餐服务；设置快捷便利的咖啡馆和快餐店，方便消费者快速用餐。多样化的餐饮选择不仅增加了体育场馆的流动性和活跃度，还能延长消费者在场馆内的停留时间，促进其他零售业务的销售。

在提供餐饮服务时，严格遵守食品安全标准是保证食品质量和服务水平的基础。确保食材新鲜、烹饪卫生，严格执行卫生管理和员工培训，能够有效预防食品安全事件的发生，维护消费者的健康和信任。同时，关注消费者的用餐体验和服务反馈，及时调整菜单和服务流程，提升整体的餐饮运营效率和消费者满意度。

（三）数字化和社交媒体营销

利用互联网和移动应用平台提升体育场馆的可见性是数字化营销的核心战略之一。通过建立专业的网站和移动应用，场馆运营者能够为消费者提供实时更新的产品信息、促销活动和服务内容，吸引消费者的注意力并增强品牌认知。例如，通过搜索引擎优化和搜索引擎营销，提升网站在搜索引擎中的排名，增加潜在客户的流量和转化率。同时，移动应用的开发和推广能够为消费者提供便捷的购物和预订体验，增强用户黏性和忠诚度。

社交媒体平台如微博、抖音、小红书等已成为体育场馆宣传和促销的重要渠道。通过社交媒体，场馆运营者能够直接与目标消费者互动，并通过发布吸引人的内容和活动吸引更多关注和用户参与。例如，定期发布产品展示、用户体验分享和优惠活动，利用社交媒体的分享和点赞功能扩大品牌的社会影响力。结合社交媒体广告投放，通过精准的定位和分析，提高广告投资的回报率，实现成本效益的营销策略。

在数字化营销中，基于数据分析结果优化营销策略和用户体验是持续改进和增长的关键。通过分析消费者的行为数据和市场趋势，场馆运营者可以更好地了解消费者的需求和偏好，调整产品策略和服务体验，提升用户满意度和忠诚度。

第三节 体育旅游与体验产品

一、现代体育旅游

（一）体育旅游推广

设立专业的旅游信息中心能够有效整合和提供赛事日程和场馆导览服务。例如，在大型体育赛事或文化活动期间，游客往往面临赛程信息的获取难题和场馆布局的不熟悉。通过信息中心，游客可以获取最新的赛事安排和比赛时间表，了解各个比赛场馆的位置和设施，提前规划和安排自己的行程。信息中心的工作人员可以通过电话、网络和现场服务等多种方式，提供及时和准确的赛事信息，帮助游客更好地享受活动和观看比赛。

旅游信息中心也承担了周边旅游信息服务的重要角色。在游客到访新地点时，了解当地的旅游景点、特色文化和交通路线是非常重要的。信息中心可以提供详细的周边旅游景点介绍和推荐，帮助游客选择合适的参观项目和活动。例如，介绍当地的历史文化景点、自然风光和特色美食，为游客提供全面的旅游体验。还能够提供交通指南和地图导航，方便游客在陌生的城市中行走和探索。

除了提供基本的信息服务，专业的旅游信息中心还可以通过技术手段和创新服务，提升游客的服务体验。例如，引入互动展示屏或虚拟现实技术，展示赛事和景点的实时信息和影像，增强游客的参与感和体验感。同时，通过建立在线预订和导览平台，游客可以提前预订参观赛事门票和导览服务，避免现场排队和等待，提高服务效率和满意度。

在运营管理方面，旅游信息中心需要高效的人员配备和系统化的操作流程。培训专业的信息中心工作人员，提升他们的服务意识和沟通技巧，能够有效应对各种游客需求和突发事件。同时，建立完善的信息管理系统和客户反馈机制，能够及时收集游客的意见和建议，优化服务内容和质量。

（二）体育旅游品牌推广

1.品牌营销策略

有效的品牌营销策略是体育场馆在竞争激烈的旅游市场中脱颖而出的关键。体育旅游不仅仅是单纯的运动体验，更是一种全方位的文化和休闲体验。体育场馆需要通过精准定位和差异化的营销来吸引目标受众，建立起独特的品牌形象和价值主张。

多渠道宣传是扩大品牌影响力的重要手段之一。传统媒体如电视、报纸以及社交媒体平台如微博、抖音等，都是传播体育旅游信息的有效途径。通过精心策划的内容和活动，场馆可以与潜在客户建立起积极互动，提升品牌的可见性和吸引力。

进一步地，合作与联盟也是推广体育旅游品牌的有效策略。与知名旅行社、体育品牌和当地文化机构的合作，不仅可以扩展品牌的覆盖面和市场渗透率，还能够通过跨界合作创造出独特的旅游体验，吸引更多追求新鲜感和个性化体验的旅客。

品牌体验和服务质量是营销策略中不可或缺的一环。优质的服务和体验不仅能够带来口碑传播和重复客户，还能够在竞争激烈的市场中树立起可持续发展的品牌形象。体育场馆需要注重从客户接触的每一个环节，包括预订、接待、设施和活动安排等，提升服务的专业性和个性化水平。

持续的市场调研和数据分析是营销策略执行过程中的重要支持。通过深入了解客户需求和市场趋势，体育场馆可以及时调整和优化营销策略，保持品牌的活力和市场竞争力。

2.合作伙伴关系的建立

为了有效吸引不同类型的客户群体，特别是那些对体育旅游感兴趣的消费者，建立与旅行社和线上平台的合作伙伴关系至关重要。通过这些合作，可以推出定制化的体育旅游产品和套餐，满足客户多样化的需求和偏好。旅行社作为旅游行业的重要参与者，具有丰富的旅游资源和市场经验，而线上平台则能够通过数字化手段拓展市场，并提供便捷的预订和服务体验。下面将探讨如何通过建立这些合作关系，实现体育旅游市场的差异化发展，进而促进行业的长期增长和可持续发展。

在当今竞争激烈的旅游市场上，与旅行社和线上平台的合作不仅仅是一种策略，更是一种必然选择。合作的核心在于利用各自的优势资源和专业能力，共同开发具有吸引力和竞争力的体育旅游产品。旅行社作为传统的旅游服务提供者，拥有丰富的线下资源和深厚的行业经验，能够通过自身的品牌影响力和客户基础，有效推广体育旅游项目。与此同时，线上平台则通过互联网技术和大数据分析，实现了市场的精准定位和个性化推广，为体育旅游产品的推广和销售提供了强大支持。

例如，通过与知名旅行社合作，可以利用其广泛的线下网络和专业的旅游包装能力，为体育爱好者提供包含比赛观赏、运动体验和文化交流的多元化旅游产品。这些产品不仅仅关注体育活动本身，还结合了当地特色文化和旅游资源，为客户提供全方位的旅行体验。与线上平台的合作则可以进一步扩展市场覆盖面，通过精准的数据分析和个性化的推广手段，吸引更多的目标客户群体，提升预订转化率和客户满意度。

除了市场推广能力，合作伙伴关系还可以在产品设计和服务创新上发挥重要作用。通过与旅行社的深度合作，可以根据市场反馈和消费者需求，灵活调整旅游产品的内容和价格策略，确保产品的市场竞争力和吸引力。同时，与线上平台的合作则可以利用其先进的技术平台，实现旅游产品的在线展示和预订管理，提升用户体验和服务效率。这种双管齐下的合作模式，不仅可以优化供应链和资源配置，还能够有效降低运营成本，提升整体的市场竞争力和盈利能力。

二、现代体育场馆的体育产品体验

（一）沉浸式体育体验

1.互动体验项目

互动体验项目不仅仅是为了娱乐和消遣，更是为了让游客参与其中，与活动互动，增加他们的参与感并留下深刻记忆。通过设计体育挑战赛、体育技能训练营等项目，为游客提供独特的体验，促进体育文化的传播和体验的深化。

体育挑战赛是一种常见的互动体验项目。这类项目通常包括多种挑战项目，如篮球投篮、足球精准传球、高尔夫推杆等，吸引游客积极参与。通过设立不同的挑战级别和奖励机制，激发游客的竞争欲望和动力，提高他们参与的积极性。例如，设置成绩记录和排行榜，让游客可以比较自己和其他参与者的表现，增强参与感和竞争氛围。引入科技元素如传感器和实时数据分析，为挑战赛增添现代感和互动性，提升游客体验的科技感和趣味性。

体育技能训练营是另一种受欢迎的互动体验项目。这类项目旨在通过专业教练和设备，提供专业的体育技能培训和体验。例如，足球技能训练营可以提供包括传球、控球、射门等多种技术训练，让游客可以在专业教练的指导下，提升自己的足球技能水平。通过设置不同的训练阶段和课程内容，适应不同游客的需求和技能水平，提供个性化的体验和学习机会。训练营还可以结合游戏化元素和比赛，增加参与者之间的互动和竞争，激发学习兴趣和动力。

除了体育挑战赛和技能训练营，互动体验项目还可以包括其他形式的体育活动和游戏。例如，设置体育主题的逃生室游戏或团队合作挑战，让参与者通过体育技能和团队协作解决问题和完成任务。这类项目不仅提升了游客的身体活动和运动能力，还培养了他们的团队合作和问题解决能力，为互动体验项目增添了教育与娱乐的双重价值。

在实施互动体验项目时，设计和安排活动内容和流程至关重要。需要充分考虑参与者的年龄、体能水平和兴趣爱好，确保活动的安全性和适应性。设置合理的设备和场地，保障参与者的体验质量和流畅度。通过员工的专业培训和服务指导，确保活动的顺利进行和游客的满意度。同时，利用社交媒体和在线平台宣传与推广互动体验项目，吸引更多游客的参与和关注，扩大项目的影响力和社会影响。

2. 文化体验活动

体育文化展览作为一种文化传播和展示的形式，具有重要的教育和启发意义。通过展览，可以向公众展示体育的历史、发展及其对社会的影响，深化人们对体育文化的理解和认识。例如，展示历届奥运会的发展历程、各种体育项目的演变以及体育明星的成长故事等，不仅能够激发观众对体育运动的兴趣，还能够传递体育精神和奋斗精神。体育文化展览还可以通过互动体验和多媒体展示，增强观众的参与感和沉浸感，使他们在参观过程中获得知识和情感上的双重满足。

运动健康讲座作为文化体验活动的重要组成部分，具有教育和普及健康知识的功能。通过举办专家学者或健康管理人员的讲座，可以向观众介绍健康生活方式、运动健身知识及相关健康问题的预防和治疗方法。例如，讲解如何科学运动、合理饮食，以及预防常见运动伤害等内容，不仅能够提升大众的健康意识，还能够帮助他们改善生活习惯，预防疾病。同时，运动健康讲座还能够促进社区居民之间的交流与互动，形成良好的健康共建氛围，推动全民健身和健康中国战略的深入实施。

另外，文化体验活动的成功举办需要充分考虑观众的多样化需求和参与感。在活动策划和组织过程中，应当结合当地的文化特色和社会需求，设计和选择能够吸引不同年龄、职业和兴趣群体的内容和形式。例如，针对青少年可以增设互动体验环节和青少年健康教育课程；针对中老年人可以组织健身操和健康讲座等。还可以通过社区志愿者参与、学校社团协作等方式，扩大活动的影响力和社会参与度，形成全社会共同参与的良好局面。

总之，举办体育文化展览和运动健康讲座等文化体验活动，不仅能够丰富城市文化生活，还能够促进社区居民的文化参与和健康水平的提升。通过展示和传播体育文化的深厚内涵以及健康知识的科学方法，可以有效地提升观众的学习体验，推动社会文化建设和全民健康事业的持续发展。未来，随着文化体验活动形式和内容的不断创新和完善，这些活动将为城市发展和居民生活质量带来更多积极影响和正能量。

（二）定制化服务与包装

1.VIP服务和专属体验

VIP服务和专属体验项目的推出不仅仅是提供一种豪华体验，更是体现体育场馆对高端客户的重视和关注。通过提供独特的服务和体验，如场馆后台参观、专属座位和优先通道等，体育场馆能够让客户感受到与众不同的尊贵待遇，从而增强他们的满意度和忠诚度。

明星运动员见面会作为专属体验项目的一部分，具有很强的吸引力和感召力。通过安排客户与知名运动员的面对面接触和交流，不仅可以增加体育场馆的吸引力，还能够提升客户的参与感和体验价值。这种亲密接触不仅加强了客户对体育明星的崇拜和喜爱，也为体育场馆营造了独特的品牌体验。

进一步地，VIP服务的成功执行需要细致周到的服务设计和执行。从客户预订开始到活动结束，每一个环节都需要精心安排和专业管理，确保客户体验的完美流程和无缝连接。只有通过高水准的服务质量和个性化的关怀，体育场馆才能真正赢得高端客户的信任和忠诚。

除此之外，VIP服务和专属体验项目的成功也离不开与其他服务和活动的协调和配合。例如，体育场馆可以将VIP服务与赛事以及其他体育活动结合起来，提供全方位的体育文化体验。通过整合资源和优化服务，体育场馆不仅能够提升客户的满意度，还能够在竞争激烈的市场中树立起优越的品牌形象和市场地位。

持续的客户反馈和改进是提升VIP服务和专属体验项目的关键。体育场馆需要定期收集和分析客户的意见和建议，及时调整和优化服务策略，以确保服务的持续改进和客户体验的不断提升。只有通过与客户的互动和反馈，体育场馆才能真正理解客户的需求，为他们提供更加贴心和个性化的服务。

2.纪念品和周边产品

在当前旅游市场竞争激烈的背景下，体育场馆纪念品和周边产品的开发不仅仅是一种增值服务，更是提升游客体验和体育场馆品牌形象的关键手段。这些产品的设计理念应当以场馆的特色和历史背景为基础，通过创意和文化表达，体现体育场馆的独特魅力和文化价值。也可以结合当地特色文化和手工艺品，开发具有地域特色的手工艺纪念品或者艺术品，进一步提升产品的独特性和市场竞争力。

除了设计创意，体育场馆纪念品和周边产品的市场定位也至关重要。通过深入分析目标客户群体的消费习惯和购买行为，可以有针对性地设计和推广系列产品，满足不同客户群体的购买需求。例如，针对年轻游客可以设计时尚潮流的文化衫和周边配饰，而对于家庭游客则可以推出具有亲子互动特色的儿童纪念品套装。通过多样化的产品组合和市场定位，不仅可以扩大产品销售的覆盖面，还能够提升客户的购买欲望和体育场馆品牌的市场认知度。

体育场馆纪念品和周边产品的销售渠道和推广策略也是确保产品市场成功的关键因素。除了传统的实体店销售模式，还可以通过建立线上销售平台和社交媒体推广渠道，拓展产品的市场覆盖面和销售渠道。通过社交媒体平台的内容创意和互动营销活动，可以有效吸引目标客户群体的关注和参与，增强产品的市场曝光度和品牌影响力。同时，与旅游运营商和旅行社的合作也是推广产品的有效途径，通过包装成旅游套餐或者景点推荐的形式，将体育场馆纪念品和周边产品融入游客的旅行体验中，进一步促进销售和市场推广效果的最大化。

参考文献

[1] 刘易斯. 新时期西安市城区体育场馆产业化经营与管理研究 [C]// 陕西省体育科学学会，陕西省学生体育协会. 第二届陕西省体育科学大会论文摘要集（专题九）. 西安航空学院，2024：9.

[2] 郭鹏，贾遇珍，张光宇. 智慧体育视域下体育场馆经营管理智能化研究[J]. 文体用品与科技，2023（10）：196-198.

[3] 郑颖妮. 智能化体育场馆建设与经营管理 [J]. 建筑结构，2023，53（8）：179.

[4] 陈明照. 谈云南高校体育场馆运行及经营管理模式 [J]. 云南科技管理，2020，33（3）：61-62.

[5] 张詠皓. 基于 PPP 视角的苏州大型体育场馆经营管理研究 [D]. 苏州：苏州大学，2020.

[6] 袁鹏. 大型体育场馆经营管理模式研究 [J]. 经营管理者，2020（9）：82-83.

[7] 刘超. 高校体育场馆经营管理的 SWOT 分析 [J]. 体育风尚，2020（10）：293-294.

[8] 赵继东. 职业院校体育场馆经营与管理模式的探讨 [J]. 体育风尚，2020（10）：256-257.

[9] 文玥. 高校体育场馆资源的利用与经营管理研究 [J]. 产业与科技论坛，

2020，19（23）：271-272.

[10] 陶雪花. 广西北部湾经济区大型体育场馆经营管理现状及发展对策研究 [J]. 运动精品，2020，39（12）：47-48.

[11] 季冠臣. 基于 SWOT 分析法对沈阳市中小型体育场馆经营管理的现状调查和对策研究 [J]. 冰雪体育创新研究，2022（13）：185-188.

[12] 冯学敏. 公私合作（PPP）视角下洛阳市体育场馆综合体经营管理研究 [D]. 洛阳：河南科技大学，2022.

[13] 高建坤. 山东省济宁市高校体育场馆社会化研究 [D]. 曲阜：曲阜师范大学，2020.

[14] 赵志刚. 城市体育场馆赛后经营管理研究 [D]. 太原：山西大学，2020.

[15] 刘哲，边明亮，张子越. "互联网 +" 背景下体育场馆经营管理现状与发展路径研究 [J]. 文体用品与科技，2020（9）：25-26.

[16] 李静. 智慧体育视域下体育场馆经营管理智能化研究 [J]. 中国管理信息化，2019，22（19）：133-135.

[17] 李崇瑞. 美国大型体育场馆经营管理对我国的启示研究 [D]. 北京：首都经济贸易大学，2018.

[18] 赵芳. 探索城市公共体育场馆经营管理的困境与对策 [J]. 体育世界（学术版），2018（9）：56+53.

[19] 郭宇杰，孙建华. 高校体育场馆委托经营管理模式研究 [J]. 中国校外教育，2018（30）：16-17.

[20] 卢佳佳. "互联网 +" 乌鲁木齐商业体育场馆运营管理现状研究 [D]. 乌鲁木齐：新疆师范大学，2019.